ADÉLAÏDE DU GUESCLIN,

TRAGÉDIE.

Repréſentée pour la premiere fois le 18 Janvier 1734, & remiſe au Théatre le 9 Septembre 1765.

Donnée au Public par M. LE KAIN, Comédien ordinaire du Roi.

Nouvelle Edition à laquelle on a joint deux Lettres de l'Auteur.

A PARIS;

Chez la Veuve DUCHESNE, Libraire, rue Saint-Jacques, au-deſſous de la Fontaine St. Benoît, au Temple du Goût.

M. DCC. LXVI.

Avec Approbation & Privilège du Roi.

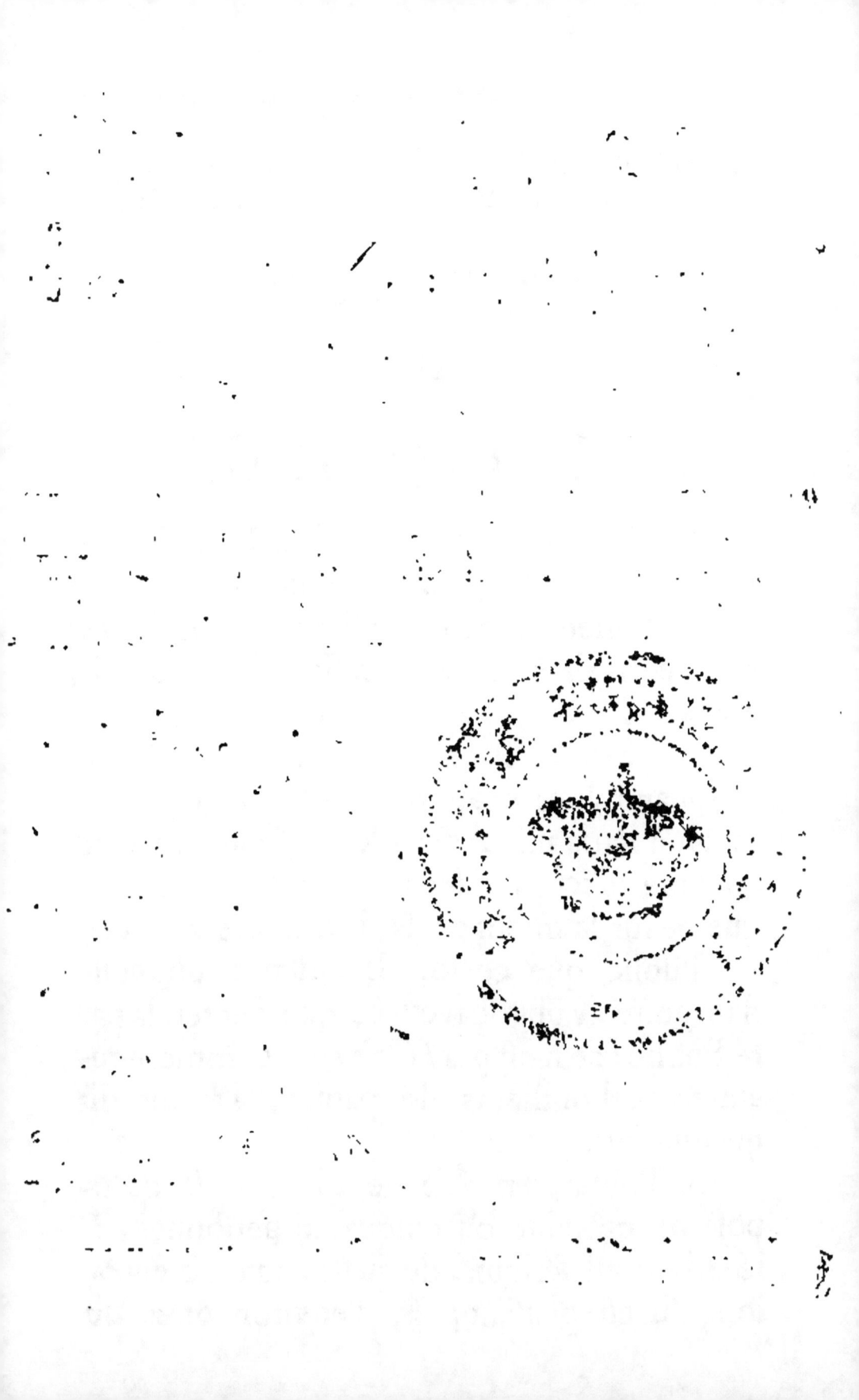

PRÉFACE
DE
L'ÉDITEUR.

L'Auteur m'ayant laissé le maître de cette Tragédie, j'ai cru ne pouvoir mieux faire que d'imprimer la Lettre qu'il écrivait à cette occasion à un de ses amis.

Quand vous m'apprîtes, Monsieur, qu'on jouait à Paris une Adélaïde du Guesclin avec quelque succès; j'étais très-loin d'imaginer que ce fût la mienne; & il importe fort peu au Public que ce soit la mienne ou celle d'un autre. Vous sçavez ce que j'entends par le Public; ce n'est pas *l'Univers*, comme nous autres barbouilleurs de papier, l'avons dit quelquefois.

Le Public, en fait de Livres, est composé de quarante ou cinquante personnes, si le Livre est sérieux; de quatre ou cinq cents, lorsqu'il est plaisant; & d'environ onze ou

PRÉFACE

douze cents, s'il s'agit d'une Pièce de Théâtre. Il y a toujours dans Paris plus de cinq cents mille ames qui n'entendent jamais parler de tout cela.

Il y avait plus de trente ans que j'avais hazardé devant ce Public une Adélaïde du Guesclin, escortée d'un Duc de Vendôme, & d'un Duc de Nemours qui n'existérent jamais dans l'Histoire. Le fonds de la Pièce étoit tiré des Annales de Bretagne, & je l'avais ajustée comme j'avais pu au Théâtre, sous des noms supposés. Elle fut sifflée dès le premier Acte.

Les sifflets redoublérent au second, quand on vit arriver le Duc de Nemours blessé & le bras en écharpe. Ce fut bien pis, quand on entendit au cinquiéme le signal que le Duc de Vendôme avait ordonné; & lorsqu'à la fin le Duc de Vendôme disait, *es-tu content Couci?* Plusieurs bons Plaisans criérent *Coussi, Coussi.*

Vous jugez bien que je ne m'obstinai pas contre cette belle réception. Je donnai quelques années après la même Tragédie sous le nom du Duc de Foix, mais je l'affaiblis beaucoup par respect pour le ridicule. Cette Pièce devenue plus mauvaise, réussit assez, & j'oubliai entièrement celle qui valait mieux.

Il restait une copie de cette Adélaïde entre les mains d'un des Acteurs de Paris. Il a ressuscité, sans m'en rien dire, cette défunte Tragédie, & elle a été accueillie avec beaucoup d'applaudissemens. Les endroits qui avoient été le plus sifflés, ont été ceux qui ont excité le plus de battemens de mains.

Vous me demanderez auquel des deux jugemens je me tiens : je vous répondrai ce que dit un Avocat Vénitien aux Sérénissimes Sénateurs devant lesquels il plaidoit ; *Il mese passato*, disait-il, *le vostre Excellenze hanno judicato cosi, & questo mese nella medesima causa hanno judicato tutto l' contrario & sempre ben.* Vos Excellences, le mois passé, jugérent de cette façon, & ce mois-ci dans la même cause ils ont jugé tout le contraire, & toujours à merveille.

M. Oghieres, riche Banquier à Paris, ayant été chargé de faire composer une marche pour un des Régimens de Charles XII, s'adressa au Musicien Mouret ; la marche fut exécutée chez le Banquier en présence de ses amis tous grands connoisseurs. La musique

PRÉFACE DE L'ÉDITEUR.

fut trouvée détestable. Mouret remporta sa marche & l'inséra dans un Opéra qu'il fit jouer. Le Banquier & ses amis allérent à l'Opéra, la marche fut très-applaudie. Eh! voilà ce que nous voulions, disaient-ils à Mouret; que ne nous donniez-vous une Piéce de ce goût-là? Messieurs, c'est la même.

On ne tarit point sur ces exemples: qui ne sçait que la même chose est arrivée aux idées innées, à l'émétique, & à l'inoculation, tour à tour sifflés & bien reçus. Les opinions ont ainsi flotté dans les affaires sérieuses comme dans les Beaux-Arts & dans les Sciences.

Quod petiit spernit, repetit quod nuper omisit.

La vérité & le bon goût n'ont remis leur sceau que dans la main du tems. Cette réfléxion doit retenir les Auteurs des Journaux dans les bornes d'une grande circonspection. Ceux qui rendent compte des Ouvrages, doivent rarement s'empresser de les juger. Ils ne sçavent pas si le Public à la longue jugera comme eux; & puisqu'il n'a un sentiment décidé & irrévocable qu'au bout de quelques années, que penser de ceux qui jugent de tout sur une lecture précipitée?

AVERTISSEMENT DE L'EDITEUR.

ON osera rappeller ici ce que l'Auteur n'a pû dire; c'est que le Temple du Goût qui avait paru quelque tems avant Adélaïde, fut cause du peu de succès de cette Tragédie.

Bien juger & bien composer, c'en était trop à la fois; on ne le pardonna point à l'Auteur. Aujourd'hui le Public plus instruit & plus équitable, a senti que cette Piéce joignait aux beautés dont elle est remplie, l'avantage d'avoir exposé sur la Scène un des plus sublimes cinquièmes Actes qui aient encore paru, d'avoir fait entendre pour la premiere fois des noms chers aux Français, d'avoir peint en Vers très-beaux & très-harmonieux, les sentimens du Patriotisme Monarchique, sentimens si puissans sur une Nation connue & distinguée dans tous les tems par sa fidélité & son amour pour ses Rois.

ACTEURS.

LE SIRE DE COUCI.	M. Granval.
LE DUC DE VENDOSME.	M. le Kain.
LE DUC DE NEMOURS, son Frere.	M. Molé.
DANGESTE, Ecuyer du Duc de Nemours.	M. D'Anberval.
UN OFFICIER du Duc de Vendôme.	M. Fromentin.
ADÉLAIDE DU GUESCLIN.	Mlle. Dubois.
TAÏSE D'ANGLURE, Confidente d'Adélaïde.	Mlle. Despinai.

La Scène est à Lille.

ADÉLAÏDE DU GUESCLIN,
TRAGÉDIE.

ACTE PREMIER.

SCENE PREMIERE.

LE SIRE DE COUCI, ADELAIDE.

COUCI.

DIGNE sang de Guesclin, vous qu'on voit aujourd'hui
Le charme des Français dont il était l'appui,
Souffrez qu'en arrivant dans ce séjour d'allarmes,
Je dérobe un moment au tumulte des armes.

A

Ecoutez-moi : voyez d'un œil mieux éclairci
Les desseins, la conduite & le cœur de Couci ;
Et que votre vertu cesse de méconnaître
L'ame d'un vrai Soldat, digne de vous, peut-être.

ADELAIDE.

Je sçais quel est Couci : sa noble intégrité
Sur ses lèvres toujours plaça la vérité.
Quoi que vous m'annonciez, je vous croirai sans
    peine.

COUCI.

Sçachez que si ma foi, dans Lille me raméne,
Si du Duc de Vendôme embrassant le parti ;
Mon zèle en sa faveur ne s'est pas démenti,
Je n'approuvai jamais la fatale alliance
Qui l'unit aux Anglais, & l'enlève à la France ;
Mais dans ces tems affreux de discorde & d'horreur,
Je n'ai d'autre parti que celui de mon cœur :
Non que pour ce Héros mon ame prévenue
Prétende à ses défauts fermer toujours ma vue ;
Je ne m'aveugle pas : je vois avec douleur
De ses emportemens l'indiscréte chaleur :
Je vois que de ses sens l'impétueuse ivresse
L'abandonne aux excès d'une ardente jeunesse :
Et ce torrent fougueux, que j'arrête avec soin,
Trop souvent me l'arrache & l'emporte trop loin.
Il est né violent, non moins que magnanime ;
Tendre, mais emporté ; mais capable d'un crime.
Du sang qui le forma je connais les ardeurs :
Toutes les passions sont en lui des fureurs.
Mais il a des vertus qui rachétent ses vices.
Et, qui sçaurait, Madame, où placer ses services,
S'il ne vous fallait suivre & ne chérir jamais
Que des cœurs sans faiblesse, & des Princes parfaits.

Tout mon sang est à lui ; mais enfin cette épée.
Dans celui des Français à regret s'est trempée.
Ce fils de Charles-six.

ADELAIDE.

Osez le nommer Roi :
Il l'est, il le mérite.

COUCI.

Il ne l'est pas pour moi.
Je voudrais, il est vrai, lui porter mon hommage ;
Tous mes vœux sont pour lui, mais l'amitié m'engage,
Mon bras est à Vendôme, & ne peut aujourd'hui,
Ni servir, ni traiter, ni changer qu'avec lui.
Le malheur de nos tems, nos discordes sinistres ;
Le Dauphin aveuglé par d'indignes Ministres,
Dans ce cruel parti tout l'a précipité.
Je ne peux à mon choix fléchir sa volonté.
J'ai souvent de son cœur, aigrissant les blessures,
Revolté sa fierté par des vérités dures.
Vous seule à notre Roi pourriez le rappeller,
Madame ; & c'est de quoi je cherche à vous parler.
J'aspirai jusqu'à vous, avant qu'aux murs de Lille,
Vendôme trop heureux vous donnât cet asyle :
Je crus que vous pourriez, approuvant mon dessein,
Accepter, sans mépris, mon hommage & ma main,
Que je pouvais unir, sans une aveugle audace,
Les lauriers des Guesclins aux lauriers de ma race ;
La Gloire le voulait ; & peut-être l'Amour,
Plus puissant & plus doux, l'ordonnait à son tour :
Mais à de plus beaux nœuds je vous vois destinée.
La guerre dans Cambrai vous avait amenée
Parmi les flots d'un Peuple à soi-même livré,
Sans raison, sans justice & de sang enivré ;
Un amas de Mutins, troupe indigne de vivre,
Vous méconnut assez pour oser vous poursuivre.

Vendôme vint, parut, & son heureux secours
Punit leur insolence & sauva vos beaux jours.
Quel Français, quel mortel eût pu moins entre-
   prendre ?
Et qui n'aurait brigué l'honneur de vous défendre ?
La guerre en d'autres lieux occupait ma valeur.
Vendôme vous sauva, Vendôme eut ce bonheur :
La gloire en est à lui, qu'il en ait le salaire :
Il a par trop de droits mérité de vous plaire.
Il est Prince, il est jeune, il est votre vengeur ;
Ses bienfaits & son nom, tout parle en sa faveur :
La justice & l'amour vous pressent de vous rendre.
Je n'ai rien fait pour vous, je n'ai rien à prétendre :
Je me tais... Mais sçachez que pour vous mériter,
A tout autre qu'à lui j'irai vous disputer :
Je ne céderais pas aux enfans des Rois même ;
Mais Vendôme est mon Chef ; il vous adore, il
   m'aime.
Couci, ni vertueux, ni superbe à demi,
Auroit bravé le Prince, & céde à son ami.
Je fais plus : de mes sens maitrisant la faiblesse,
J'ose de mon rival appuyer la tendresse ;
Vous montrer votre gloire, & ce que vous devez
Au Héros qui vous sert, & par qui vous vivez.
Je verrai d'un œil sec, & d'un cœur sans envie,
Cet hymen qui pouvoit empoisonner ma vie.
Je réunis pour vous mon service & mes vœux :
Ce bras qui fut à lui combattra pour tous deux.
Voilà mes sentimens. Si je me sacrifie,
L'amitié me l'ordonne, & sur-tout la Patrie.
Songez que si l'himen vous range sous sa Loi,
Si ce Prince est à vous, il est à votre Roi.

         ADELAIDE.
Qu'avec étonnement, Seigneur, je vous contemple !
Que vous donnez au monde un rare & grand
   exemple !

TRAGÉDIE.

Quoi ! ce cœur (je le crois sans feinte & sans détour)
Connaît l'amitié seule, & sçait braver l'amour !
Il faut vous admirer quand on sçait vous connaître :
Vous servez votre ami, vous servirez mon maître :
Un cœur si généreux doit penser comme moi :
Tous ceux de votre sang sont l'appui de leur Roi.
Eh bien ! de vos vertus je demande une grace.

COUCI.

Vos ordres sont sacrés ; que faut-il que je fasse ?

ADELAIDE.

Vos conseils généreux me pressent d'accepter
Ce rang, dont un grand Prince a daigné me flatter.
Je n'oublierai jamais combien son choix m'honore ;
J'en vois toute la gloire : & quand je songe encore
Qu'avant qu'il fût épris de cet ardent amour,
Il daigna me sauver & l'honneur & le jour,
Tout ennemi qu'il est de son Roi légitime,
Tout vengeur des Anglais, & protecteur du crime,
Accablée à ses yeux du poids de ses bienfaits,
Je crains de l'affliger, Seigneur, & je me tais.
Oui, malgré son service & ma reconnoissance,
Il faut par des refus répondre à sa constance.
Sa passion m'afflige. Il est dur à mon cœur,
Pour prix de tant de soins, de causer son malheur.
A ce Prince, à moi-même épargnez cet outrage.
Seigneur, vous pouvez tout sur ce jeune courage :
Souvent on vous a vu, par vos conseils prudents,
Modérer de son cœur les vœux impatients.
Daignez débarrasser ma vie & ma fortune
De ces nœuds trop brillans dont l'éclat m'importune.
De plus fiéres Beautés, de plus dignes appas
Brigueront sa tendresse où je ne prétends pas.

A iij

D'ailleurs quel appareil, quel tems pour l'hymenée!
Des armes de mon Roi Lille est environnée :
J'entends de tous côtés les clameurs des Soldats,
Et les sons de la guerre & les cris du trepas.
La terreur me consume : & votre Prince ignore
Si Nemours... si son frere, helas! respire encore.
Ce frere qu'il aima, ce vertueux Nemours ;
On disait que la Parque avait tranché ses jours ;
Que la France en avait une douleur mortelle.
Seigneur, au sang des Rois il fut toujours fidéle.
S'il est vrai que sa mort... Excusez mes ennuis,
Mon amour pour mes Rois, & le trouble où je suis.

COUCI.

Vous pouvez l'expliquer au Prince qui vous aime,
Et de tous vos secrets l'entretenir vous-même ;
Il va venir Madame : & peut-être vos vœux.....

ADELAIDE.

Ah! Couci, prévenez le malheur de tous deux.
Si vous aimez ce Prince ; & si dans mes allarmes,
Avec quelque pitié vous regardez mes larmes,
Sauvez-le, sauvez-moi de ce triste embarras.
Daignez tourner ailleurs ses desseins & ses pas.
Pleurante & désolée, empêchez qu'il ne voie....

COUCI.

Je plains cette douleur où votre ame est en proie,
Et loin de la gêner d'un regard curieux,
Je baisse devant elle un œil respectueux.
Mais, quel que soit l'ennui dont votre cœur soupire,
Je vous ai déjà dit ce que j'ai dû vous dire,
Je ne puis rien de plus. Le Prince est soupçonneux,
Je lui serois suspect en expliquant vos vœux ;
Je sçais à quel excès irait sa jalousie,
Quel poison mes discours repandroient sur sa vie :

TRAGEDIE.

Je vous perdrais peut-être ; & mon foin dangereux,
Madame, avec un mot, feroit trois malheureux.
Vous, à vos intérêts, rendez-vous moins contraire.
Péfez, fans paffion, l'honneur qu'il veut vous faire.
Moi, libre entre vous deux, fouffrez que dès ce
    jour,
Oubliant à jamais le langage d'amour,
Tout entier à la guerre, & maître de mon ame,
J'abandonne à leur fort & vos vœux & fa flamme.
Je crains de l'affliger, je crains de vous trahir,
Et ce n'eft qu'aux combats que je dois le fervir.
Laiffez-moi d'un Soldat garder le caractère,
Madame ; & puifqu'enfin la France vous eft chére,
Rendez-lui ce Héros qui serait fon appui.
Je vous laiffe y penfer, & je cours près de lui.
Adieu, Madame.

SCENE II.

ADELAIDE, TAISE.

ADELAIDE.

Ou fuis-je helas ! tout m'abandonne.
Nemours... De tous côtés le malheur m'environne.
Ciel ! qui m'arrachera de ce cruel féjour ?

TAISE.

Quoi ! du Duc de Vendôme, & le choix & l'amour;
Quoi ! ce rang qui feroit le bonheur & l'envie
De toutes les Beautés dont la France eft remplie ;
Ce rang qui touche au Trône, & qu'on met à vos
    pieds,
Feroit couler les pleurs dont vos yeux font noyés.

ADELAIDE.

Ici du haut des Cieux, du Guesclin me contemple.
De la fidélité, ce Héros fut l'exemple.
Je trahirais le sang qu'il versa pour nos Loix,
Si j'acceptais la main du vainqueur de nos Rois.

TAISE.

Quoi! dans ces tristes tems de ligues & de haines,
Qui confondent des droits les bornes incertaines,
Où le meilleur parti semble encor si douteux,
Où les enfans des Rois sont divisés entr'eux,
Vous, qu'un astre plus doux semblait avoir formée
Pour unir tous les cœurs, & pour en être aimée,
Vous refusez l'honneur qu'on offre à vos appas
Pour l'intérêt d'un Roi qui ne l'exige pas.

ADELAIDE.
Mon devoir me rangeait du parti de ses armes.

TAISE.
Ah! le devoir tout seul fait-il verser des larmes?
Si Vendôme vous aime, & si par son secours...

ADELAIDE.
Laisse-là ses bienfaits, & parle de Nemours.
N'en as-tu rien appris? sçait-on s'il vit encore?

TAISE.
Voilà donc, en effet, le soin qui vous dévore,
Madame?

ADELAIDE.
Il est trop vrai, je l'avoue; & mon cœur
Ne peut plus soutenir le poids de sa douleur;
Elle échappe, elle éclate, elle se justifie:
Et si Nemours n'est plus, sa mort finit ma vie.

TAISE.
Et vous pouviez cacher ce secret à ma foi?

ADELAIDE.

Le secret de Nemours dépendait-il de moi?
Mes feux toujours brûlans dans l'ombre du silence,
Trompaient de tous les yeux la triste vigilence.
Séparés l'un de l'autre, & sans cesse présens,
Nos cœurs de nos soupirs étaient seuls confidens:
Et Vandôme sur-tout ignorant ce mystère,
Ne sçait pas si mes yeux ont jamais vû son frere
Dans les murs de Paris... Mais, ô soins superflus!
Je te parles de lui, quand peut-être il n'est plus.
O murs, où j'ai vécu de Vendôme ignorée!
O temps, où de Nemours en secret adorée!....
Nous touchions l'un & l'autre au fortuné moment,
Qui m'allait aux Autels unir à mon Amant:
La guerre a tout détruit. Fidèle au Roi son Maître,
Mon Amant me quitta, pour m'oublier peut-être.
Il partit; & mon cœur, qui le suivoit toujours,
A vingt peuples armés redemanda Nemours.
Je portai dans Cambrai ma douleur inutile:
Je voulus rendre au Roi cette superbe Ville;
Nemours à ce dessein devait servir d'appui;
L'amour me conduisait, je faisais tout pour lui.
C'est lui qui d'une fille animant le courage,
D'un peuple factieux me fit braver la rage;
Il exposa mes jours pour lui seul réservés;
Jours tristes, jours affreux qu'un autre a conservés!
Ah! qui m'éclaircira d'un destin que j'ignore?
Français, qu'avez-vous fait du Héros que j'adore?
Ses lettres autrefois, chers gages de sa foi,
Trouvaient mille chemins pour venir jusqu'à moi.
Son silence me tue. Hélas! il sçait peut-être
Cet amour qu'à mes yeux son frere a fait paraître.
Tout ce que j'entrevois conspire à m'allarmer,
Et mon amant est mort, ou cesse de m'aimer!
Et pour comble de maux, je dois tout à son frere!

TAISE.

Cachez bien à ses yeux ce dangereux mystère:
Pour vous, pour votre Amant redoutez son courroux.
Quelqu'un vient.

ADELAIDE.

C'est lui-même, ô Ciel!

TAISE.

Contraignez-vous.

SCENE III.

LE DUC DE VENDOSME, ADELAIDE, TAISE.

LE DUC DE VENDOSME.

ENfin, c'est trop attendre, enfin je dois connaître
Dans les derniers moments qui me restent peut-être,
Si volant aux combats j'y dois porter un cœur
Accablé d'infortune ou fier de son bonheur.
La discorde sanglante afflige ici la terre:
Nos pas sont entourrés des piéges de la guerre:
J'ignore à quel destin le Ciel veut me livrer;
Mais si d'un peu de gloire il daigne m'honorer,
Cette gloire, sans vous, obscure & languissante,
Des flambeaux de l'hymen deviendra plus brillante.
Souffrez que mes lauriers attachés par vos mains
Ecartent le tonnerre & bravent les destins:
Ou, si le Ciel jaloux a conjuré ma perte,
Souffrez que de nos noms ma tombe au moins couverte,
Apprenne à l'avenir que Vendôme amoureux
Expira votre époux, & périt trop heureux.

ADELAIDE.

Tant d'honneur, tant d'amour servent à me confondre,
 (à part.)
Prince... que lui dirai-je ! & comment lui répondre ?
Ainsi, Seigneur... Couci ne vous a point parlé ?

VENDOSME.

Non, Madame. D'où vient que votre cœur troublé
Répond en frémissant à ma tendresse extrême ?
Vous parlez de Couci, quand Vendôme vous aime.

ADELAIDE.

Prince, s'il était vrai que ce brave Nemours,
De ses ans plein de gloire, eût terminé le cours,
Vous qui le chérissiez d'une amitié si tendre,
Vous qui deviez au moins des larmes à sa cendre,
Au milieu des combats, & près de son tombeau,
Pourriez-vous de l'hymen allumer le flambeau ?

VENDOSME.

Ah ! je jure par vous, vous qui m'êtes si chére,
Par les doux noms d'amans, par le saint nom de frere,
Que ce frere, après vous, est toujours à mes yeux,
Le plus cher des mortels, & le plus précieux.
Lorsqu'à mes ennemis sa valeur fut livrée,
Ma tendresse en souffrit sans en être altérée :
Sa mort m'accableroit des plus horribles coups ;
Et pour m'en consoler mon cœur n'aurait que vous.
Mais on croit trop ici l'aveugle renommée :
Son infidéle voix vous a mal informée.
Si mon frere était mort, doutez-vous que son Roi,
Pour m'apprendre sa perte, eût dépêché vers moi ?
Ceux que le Ciel forma d'une race si pure,
Au milieu de la guerre écoutant la nature,
Et protecteur des loix que l'honneur doit dicter,
Même en se combattant, sçavent se respecter.

A fa perte, en un mot, donnons moins de créance.
Un bruit plus vraisemblable & m'afflige & m'of-
 fense.
On dit que vers ces murs il a porté ses pas.

ADELAIDE.

Seigneur, il est vivant ?

VENDOSME.

Je lui pardonne, hélas !
Qu'au parti de son Roi, son intérêt le range ;
Qu'il le défende ailleurs, & qu'ailleurs il le venge ;
Qu'il triomphe pour lui, je le veux, j'y consens :
Mais se mêler ici parmi les Assiégeans,
Me chercher, m'attaquer, moi, son ami, son frere !

AELAIDE.

Le Roi le veut sans doute.

VENDOSME.

Ah ! destin trop contraire !
Se pourroit-il qu'un frere élevé dans mon sein,
Pour mieux servir son Roi, levât sur moi sa main ?
Lui, qui devrait plutôt, témoin de cette fête,
Partager, augmenter mon bonheur qui s'apprête.

ADELAIDE.

Lui ?

VENDOSME.

C'est trop d'amertume en des momens si doux.
Malheureux par un frere, & fortuné par vous,
Tout entier à vous seule, & bravant tant d'allarmes,
Je ne veux voir que vous, mon hymen & vos
 charmes.
Qu'attendez-vous ? donnez à mon cœur éperdu,
Ce cœur que j'idolâtre, & qui m'est si bien dû.

TRAGEDIE.

ADELAIDE.

Seigneur, de vos bienfaits, mon ame est pénétrée;
La mémoire à jamais m'en est chére & sacrée.
Mais c'est trop prodiguer vos augustes bontés,
C'est mêler trop de gloire à mes calamités;
Et cet honneur...

VENDOSME.

Comment! ô Ciel! qui vous arrête?

ADELAIDE.

Je dois....

SCENE IV.

LE DUC DE VENDOSME, ADELAIDE, TAISE, COUCI, SOLDATS.

COUCI.

PRince, il est temps; marchez à notre tête.
Déjà les Ennemis sont aux pieds des remparts;
Echauffez nos Guerriers du feu de vos regards.
Venez vaincre.

VENDOSME.

Ah! courons... Dans l'ardeur qui me presse.
Quoi! vous n'osez d'un mot rassurer ma tendresse!
Vous détournez les yeux, vous tremblez, & je vois
Que vous cachez des pleurs qui ne sont pas pour moi.

COUCI.

Le temps presse.

VENDOSME.

Il est temps que Vendôme périsse:
Il n'est point de Français que l'amour avilisse.

Amants aimés, heureux, ils cherchent les combats ;
Ils courent à la gloire, & je vole au trépas.
Marchons, brave Couci ; la mort la plus cruelle,
La mort que je défire eſt moins barbare qu'elle.

ADELAIDE.

Ah ! Seigneur, moderez cet injuſte courroux.
Autant que je le dois, je m'intéreſſe à vous.
J'ai payé vos bienfaits, mes jours, ma délivrance,
Par tous les ſentiments qui ſont en ma puiſſance :
Senſible à vos dangers, je plains votre valeur.

VENDOSME.

Ah! que vous ſçavez bien le chemin de mon cœur !
Que vous ſçavez mêler la douceur à l'injure !
Un ſeul mot m'accablait, un ſeul mot me raſſure.
Content, rempli de vous, j'abandonne ces lieux,
Et crois voir ma victoire écrite dans vos yeux.

SCENE V.
ADELAIDE, TAISE.
TAISE.

Vous voyez, ſans pitié, ſa tendreſſe allarmée ?

ADELAIDE.

Eſt-il bien vrai ? Nemours ferait-il dans l'Armée ?
O Diſcorde ! ô dangers ! Amour plus dangereux,
Que vous coûterez cher à ce cœur malheureux !

Fin du premier Acte.

ACTE II.

SCENE PREMIERE.

VENDOSME, COUCI,

GARDES *dans le fond.*

VENDOSME.

Nous périssons sans vous, Couci, je le confesse :
Vos conseils ont guidé ma fougeuse jeunesse :
C'est vous dont l'esprit ferme & les yeux pénétrans
M'ont porté des secours en cent lieux différens.
Que n'ai-je, comme vous, ce tranquille courage,
Si froid dans le danger, si calme dans l'orage ?
Couci m'est nécessaire aux conseils, aux combats ;
Et c'est à sa grande ame à diriger mon bras.

COUCI.

Prince, ce feu guerrier qu'en vous on voit paraître,
Sera maître de tout, quand vous en serez maître ;
Vous l'avez sçu régler & vous avez vaincu.
Ayez dans tous les tems cette utile vertu.

Qui sçait se posséder, peut commander au monde.
Pour moi, de qui le bras faiblement vous seconde,
Je connais mon devoir, & je vous ai suivi.
Dans le feu du combat je vous ai peu servi.
Nos Guerriers sur vos pas marchaient à la victoire :
Et suivre les Bourbons, c'est voler à la gloire.
Vous seul, Seigneur, vous seul avez fait prisonnier
Le chef des Assaillans, ce superbe Guerrier ;
Vous l'avez pris vous-même ; & maître de sa vie,
Vos secours l'ont sauvé de sa propre furie.

VENDOSME.

D'où vient donc cher Couci, que cet audacieux,
Sous son casque fermé, se cachait à mes yeux ?
D'où vient qu'en le prenant, qu'en saisissant ses armes,
J'ai senti malgré moi de nouvelles allarmes ?
Un je ne sçais quel trouble en moi s'est élevé ;
Soit que ce triste amour dont je suis captivé,
Sur mes sens égarés répandant sa tendresse,
Jusqu'au sein des combats m'ait prêté sa faiblesse ;
Qu'il ait voulu marquer toutes mes actions,
Par la molle douceur de ses impressions :
Soit plutôt que la voix de ma triste Patrie,
Parle encore en secret au cœur qui l'a trahie,
Qu'elle condamne encor mes funestes succès,
Et ce bras qui n'est teint que du sang des Français.

COUCI.

Je prévois que bientôt cette guerre fatale,
Ces troubles intestins de la Maison Royale,
Ces tristes factions céderont au danger
D'abandonner la France au Fils de l'étranger.
Je vois que de l'Anglais la race est peu chérie,
Que son joug est pesant ; qu'on aime la Patrie ;
Que le sang des Capets est toujours adoré.
Tôt ou tard il faudra que de ce tronc sacré,

TRAGEDIE.

Les rameaux divisés & courbés par l'orage,
Plus unis & plus beaux, soient notre unique ombrage.
Nous, Seigneur, n'avons-nous rien à nous reprocher?
Le sort au Prince Anglais voulut vous attacher;
De votre sang, du sien la querelle est commune :
Vous suivez son parti, je suis votre fortune ;
Comme vous, aux Anglais, le destin m'a lié,
Vous par le droit du sang, moi par notre amitié...
Permettez-moi ce mot......Eh quoi! votre ame
émue......

VENDOSME.
Ah! voilà ce Guerrier qu'on améne à ma vue.

SCENE II.

VENDOSME, COUCI, LE DUC DE NEMOURS, (soutenu sur Dangeste, ou son Ecuyer, SOLDATS).

VENDOSME.
Il soupire; il parait accablé de regrets.

COUCI.
Son sang sur son visage a confondu ses traits,
Il est blessé sans doute.

NEMOURS, (dans le fond).
                Entreprise funeste,
Qui de ma triste vie arrachera le reste,
Où me conduisez-vous?

VENDOSME.
Devant votre vainqueur,
Qui sçait d'un ennemi respecter la valeur.
Venez, ne craignez rien.

NEMOURS, *vers son Ecuyer.*
Je ne crains que de vivre.
Sa présence m'accable, & je ne puis poursuivre ;
Il ne me connait plus, & mes sens attendris......

VENDOSME.
Qu'entends-je ! & quels accents ont frappé mes esprits ?

NEMOURS, *le regardant.*
M'as-tu pu méconnaître ?

VENDOSME.
Ah ! Nemours ! ah ! mon frere !

NEMOURS.
Ce nom jadis si cher, ce nom me désespére ;
Je ne le suis que trop ce frere infortuné,
Ton ennemi vaincu, ton captif enchainé.

VENDOSME.
Tu n'es plus que mon frere. Ah ! moment plein de charmes !
Ah ! laisse-moi laver ton sang avec mes larmes.
(*à sa suite*).
Avez-vous par vos soins.....

NEMOURS.
Oui, leurs cruels secours
Ont arrêté mon sang, ont veillé sur mes jours ;
De la mort que je cherche ont écarté l'approche.

VENDOSME.
Ne te détourne point, ne crains point mon reproche ;
Mon cœur te fut connu, peux-tu t'en défier ?
Le bonheur de te voir me fait tout oublier.

TRAGEDIE.

J'euffe aimé contre un autre à montrer mon courage ;
Nemours, que je te plains !

NEMOURS.

Je te plains davantage,
De haïr ton pays, de trahir fans remords
Et le Roi qui t'aimait & le fang dont tu fors.

VENDOSME.

Arrête, épargne-moi l'infâme nom de traître :
A cet indigne mot je m'oublierais peut-être....
Ne corromps point ainfi la joie & les douceurs
Que ce tendre moment doit verfer dans nos cœurs.
Dans ce jour malheureux que l'amitié l'emporte.

NEMOURS.

Quel jour !

VENDOSME.

Je le bénis.

NEMOURS.

Il eft affreux.

VENDOSME.

N'importe ;
Tu vis, je te revois, & je fuis trop heureux :
O Ciel ! de tous côtés, vous rempliffez mes vœux.

NEMOURS.

Je le crois. On difait que d'un amour extrême,
Violent, effréné (car c'eft ainfi qu'on aime),
Ton cœur depuis trois mois s'occupait tout entier.

VENDOSME.

J'aime, oui, la Renommée a pu le publier :
Oui, j'aime Adélaïde, & pour fon alliance,
Il femblait que ma flamme attendît ta préfence.

B ij

NEMOURS, (à part).

Qu'entends-je ?... Il est donc vrai....

VENDOSME, (à un Officier).

Qu'on la fasse avertir;
Mon frere est avec moi, qu'elle daigne venir.
(à Nemours).
Ne blâme point l'amour où ton frere est en proie.
Pour me justifier, il suffit qu'on la voie.

NEMOURS.

Cruel ! elle vous aime ?

VENDOSME.

Elle le doit du moins :
Après tant de tendresse, & d'hommage & de soins,
Il faudrait que son cœur fût injuste & barbare.

NEMOURS, (à part).

Quels effroyables coups le cruel me prépare !
(haut).
Ecoute, à ma douleur ne veux-tu qu'insulter ?
Me connais-tu ? sçais-tu ce que j'ose attenter ?
Dans ces funestes lieux sçais-tu ce qui m'améne ?

VENDOSME.

Oublions ces sujets de discorde & de haine.

SCENE III.

VENDOSME, COUCI, LE DUC DE NEMOURS, DANGESTE, ADELAIDE, SOLDATS.

ADELAIDE.

Le voici, malheureuse! ah! cache au moins tes pleurs.

NEMOURS, (*entre les bras de son Ecuyer*).

Adélaïde! ô ciel!... C'en est fait, je me meurs.

VENDOSME.

Que vois-je? sa blessure à l'instant s'est r'ouverte
Son sang coule!

NEMOURS.

Est-ce à toi de prévenir ma perte?

VENDOSME.

Ah! mon frere!

NEMOURS.

Ote-toi; je chéris mon trépas

ADELAIDE.

Ciel! Nemours!...

NEMOURS, (*à Vendôme*).

Laisse-moi.

VENDOSME.

Je ne te quitte pas.

SCENE IV.

ADELAIDE, TAISE.

ADELAIDE.

ON l'emporte : il expire ! il faut que je le suive.

TAISE.

Ah ! que cette douleur se taise & se captive.
Plus vous l'aimez, Madame, & plus il faut songer
Qu'un rival violent....

ADELAIDE.

    Je songe à son danger;
Voilà ce que l'amour, & mon malheur lui coûte !
Taïse, c'est pour moi qu'il combattait sans doute;
C'est moi que dans ces murs il osait secourir :
Il servait Charles-Sept ; il m'allait conquérir.
Quel prix de tant de soins ! quel fruit de sa constance !
Hélas ! mon tendre amour accusait son absence :
Je demandais Nemours, & le Ciel me le rend ;
J'ai revu ce que j'aime, & l'ai revu mourant !
Ces lieux sont teints du sang qu'il versait à ma vue !
Ah ! Taïse, est-ce ainsi que je lui suis rendue ?
Va le trouver ; va, cours auprès de mon amant.

TAISE.

Ah ! ne craignez-vous pas que tant d'empressement
N'ouvre les yeux jaloux d'un Prince qui vous aime !
Tremblez de découvrir....

ADELAIDE.

    J'y volerai moi-même.

D'une autre main, Taïſe, il reçoit des ſecours.
Un autre a le bonheur d'avoir ſoin de ſes jours.
Il faut que je le voye, & que de ſon amante
La faible main s'uniſſe à ſa main défaillante....
Hélas ! des mêmes coups nos deux cœurs pénétrés..

TAISE.

Au nom de cet amour, arrêtés, demeurez;
Reprenez vos eſprits.

ADELAIDE.

Rien ne peut me diſtraire...

SCENE V.

ADELAIDE, TAISE, VENDOSME

ADELAIDE.

AH ! Prince, en quel état laiſſez-vous votre frere?

VENDOSME.

Madame, par mes mains ſon ſang eſt arrêté :
Il a repris ſa force & ſa tranquillité.
Je ſuis le ſeul à plaindre & le ſeul en allarmes.
Je mouille, en frémiſſant, mes Lauriers de mes larmes:
Et je hais ma victoire & mes proſpérités,
Si je n'ai par mes ſoins vaincu vos cruautés;
Si votre incertitude, allarmant mes tendreſſes,
Oſe encor démentir la foi de vos promeſſes.

ADELAIDE.

Je ne vous promis rien ; vous n'avez point ma foi,
Et la reconnoiſſance eſt tout ce que je dois.

B iv

VENDOSME.
Quoi ! lorsque de ma main je vous offrais l'hommage...

ADELAIDE.
D'un si noble présent j'ai vu tout l'avantage :
Et, sans chercher ce rang qui ne m'était pas dû,
Par de justes respects je vous ai répondu.
Vos bienfaits, votre amour, & mon amitié même,
Tout vous flatoit sur moi d'un empire suprême ;
Tout vous a fait penser qu'un rang si glorieux,
Présenté par vos mains, éblouirait mes yeux :
Vous vous trompiez. Il faut rompre enfin le silence ;
Je vais vous offenser, je me fais violence ;
Mais réduite à parler, je vous dirai, Seigneur,
Que l'amour de mes Rois est gravé dans mon cœur ;
De votre sang au mien je vois la différence :
Mais celui dont je sors a coulé pour la France.
Ce digne Connétable en mon cœur a transmis
La haine qu'un Français doit à ses Ennemis ;
Et sa nièce jamais n'acceptera pour maître
L'Allié des Anglais, quelque grand qu'il puisse être.
Voilà les sentimens que son sang m'a tracés ;
Et s'ils vous font rougir, c'est vous qui m'y forcez.

VENDOSME.
Je suis, je l'avouerai, surpris de ce langage ;
Je ne m'attendais pas à ce nouvel outrage,
Et n'avais pas prévu que le sort en courroux,
Pour m'accabler d'affronts, dût se servir de vous.
Vous avez fait, Madame, une secrette étude
Du mépris, de l'insulte & de l'ingratitude ;
Et votre cœur, enfin, lent à se déployer,
Hardi par ma faiblesse, a paru tout entier.
Je ne connoissais pas tout ce zèle héroïque,
Tant d'amour pour vos Rois, & tant de politique.

Mais, vous qui m'outragez, me connoiſſez-vous bien?
Vous reſte-t-il ici de parti que le mien?
Vous qui me devez tout, vous, qui ſans ma défenſe,
Auriez de ces Français aſſouvi la vengeance,
De ces mêmes Français, à qui vous vous vantez
De conſerver la foi d'un cœur que vous m'ôtez;
Vous qui me tenez lieu de Rois & de Patrie;
Vous dont les jours...

ADELAIDE.

     Je ſçais que je vous dois la vie:
Mais, Seigneur, mais, hélas! n'en puis-je diſpoſer?
Me la conſervez-vous pour la tyranniſer?

VENDOSME.

Je deviendrai tyran; mais moins que vous, cruelle.
Mes yeux liſent trop bien dans votre ame rébelle:
Tous vos prétextes faux m'apprennent vos raiſons;
Je vois mon déshonneur; je vois vos trahiſons.
Quel que ſoit l'inſolent que ce cœur me préfére,
Redoutez mon amour, tremblez de ma colère.
C'eſt lui ſeul déſormais que mon bras va chercher,
De ſon cœur tout ſanglant j'irai vous arracher:
Et ſi, dans les horreurs du ſort qui nous accable,
De quelque joïe encor ma fureur eſt capable,
Je la mettrai, perfide, à vous déſeſpérer.

ADELAIDE.

Non, Seigneur, la raiſon ſçaura vous éclairer:
Non; votre ame eſt trop noble; elle eſt trop élevée,
Pour opprimer ma vie après l'avoir ſauvée.
Mais ſi votre grand cœur s'aviliſſait jamais
Juſqu'à perſécuter l'objet de vos bienfaits;
Sçachez que ces bienfaits, vos vertus, votre gloire,
Plus que vos cruautés, vivront dans ma mémoire.

Je vous plains, vous pardonne, & veux vous res-
pecter :
Je vous ferai rougir de me persécuter :
Et je conserverai, malgré votre menace,
Une ame sans courroux, sans crainte & sans audace.

VENDOSME.

Arrêtez ; pardonnez aux transports égarés,
Aux fureurs d'un amant que vous désespérez.
Je vois trop qu'avec vous, Couci d'intelligence,
D'une Cour qui me hait, embrasse la défense ;
Que vous voulez tous deux m'unir à votre Roi,
Et de mon sort enfin disposer malgré moi.
Vos discours sont les siens. Ah ! parmi tant d'allarmes,
Pourquoi recourez-vous à ces nouvelles armes ?
Pour gouverner mon cœur, l'asservir, le changer,
Aviez-vous donc besoin d'un secours étranger ?
Aimez, il suffira d'un mot de votre bouche.

ADELAIDE.

Je ne vous cache point que du soin qui me touche,
A votre ami, Seigneur, mon cœur s'étoit remis :
Je vois qu'il a plus fait qu'il ne m'avoit promis.
Ayez pitié des pleurs que mes yeux lui confient ;
Vous les faites couler, que vos mains les essuient ;
Devenez assez grand pour apprendre à dompter
Des feux que mon devoir me force à rejetter,
Laissez-moi toute entière à la reconnoissance,

VENDOSME.

Le seul Couci sans doute a votre confiance !
Mon outrage est connu, je sçais vos sentimens.

ADELAIDE.

Vous les pourrez, Seigneur, connaître avec le tems ;
Mais vous n'aurez jamais le droit de les contraindre,
Ni de les condamner, ni même de vous plaindre.

D'un Guerrier généreux j'ai recherché l'appui ;
Imitez sa grande ame, & pensez comme lui.

SCENE VI.

VENDOSME, (seul).

EH bien ! c'en est donc fait ! l'ingrate, la parjure
A mes yeux, sans rougir, étale mon injure !
De tant de trahisons l'abîme est découvert :
Je n'avais qu'un ami, c'est lui seul qui me perd.
Amitié, vain phantôme, ombre que j'ai chérie,
Toi qui me consolais des malheurs de ma vie ;
Bien que j'ai trop aimé, que j'ai trop méconnu,
Trésor cherché sans cesse, & jamais obtenu ;
Tu m'as trompé cruelle, autant que l'amour même :
Et maintenant, pour prix de mon erreur extrême,
Détrompé des faux biens, trop faits pour me charmer,
Mon destin me condamne à ne plus rien aimer.
Le voilà, cet ingrat, qui, fier de son parjure,
Vient encor de ses mains déchirer ma blessure.

SCENE VII.
COUCI, VENDOSME.
COUCI.

PRince, me voilà prêt : disposez de mon bras.
Mais d'où naît à mes yeux cet étrange embarras ?
Quand vous avez vaincu, quand vous sauvez un frère,
Heureux de tous côtés, qui peut donc vous déplaire?

VENDOSME.
Je suis défespéré, je suis haï, jaloux.

COUCI.
Eh bien! de vos soupçons quel est l'objet qui?

VENDOSME.
       Vous,
Vous-dis-je; du refus qui vient de me confondre,
C'est vous, ingrat ami, qui devez me répondre :
Je sçais qu'Adélaïde ici vous a parlé,
En vous nommant à moi, la perfide a tremblé;
Vous affectez sur elle un odieux silence,
Interprète muet de votre intelligence.
Elle cherche à me fuir, & vous à me quitter.
Je crains tout, je crois tout.

COUCI.
    Voulez-vous m'écouter?

VENDOSME.
Je le veux.

COUCI.
    Pensez-vous que j'aime encore la gloire?
M'estimez-vous encore? & pourrez-vous me croire?

VENDOSME.
Oui, jusqu'à ce moment je vous crus vertueux,
Je vous crus mon ami.

COUCI.
     Ces titres glorieux
Furent toujours pour moi l'honneur le plus insigne,
Et vous allez juger si mon ame en est digne.
Sçachez qu'Adélaïde avoit touché mon cœur,
Avant que de ses jours, heureux libérateur,

Vous eussiez par vos soins, par cet amour sincère,
Sur-tout par vos bienfaits, tant de droits de lui plaire.
Moi, plus Soldat que tendre, & dédaignant toujours
Ce grand art de séduire, inventé dans les Cours,
Ce langage flateur, & souvent si perfide,
Peu fait pour mon esprit, peut-être trop rigide;
Je lui parlai d'hymen, & ce nœud respecté
Resserré par l'estime & par l'égalité,
Aurait pu lui former des destins plus propices
Qu'un rang plus élevé, mais sur des précipices.
Hier avant la nuit je vins dans vos remparts,
Tout votre cœur parut à mes premiers regards:
De cet ardent amour la nouvelle semée
Par vos emportements me fut trop confirmée:
Je vis de vos chagrins les funestes accès;
J'en approuvai la cause & j'en blâmai l'excès.
Aujourd'hui j'ai revu cet objet de vos larmes;
D'un œil indifférent j'ai regardé ses charmes:
Libre & juste auprès d'elle, à vous seul attaché,
J'ai fait valoir les feux dont vous êtes touché:
J'ai de tous vos bienfaits rappellé la mémoire,
L'éclat de votre rang, celui de votre gloire;
Sans cacher vos défauts, vantant votre vertu;
Et pour vous contre moi j'ai fait ce que j'ai dû.
Je m'immole à vous seul, & je me rends justice:
Et si ce n'est assez d'un si grand sacrifice;
S'il est quelque rival qui vous ose outrager,
Tout mon sang est à vous, & je cours vous venger.

VENDOSME.

Ah! généreux ami, qu'il faut que je révére,
Oui, le Destin dans toi me donne un second frere:
Je n'en étais pas digne, il le faut avouer.
Mon cœur.....

COUCI.

Aimez-moi, Prince, au lieu de me louer;

Et si vous me devez quelque reconnaissance,
Faites votre bonheur, il est ma récompense.
Vous voyez quelle ardente & fiére inimitié
Votre frere nourrit contre votre allié.
Le Bourguignon, l'Anglais, dans leur triste alliance,
Ont creusé par nos mains les tombeaux de la France;
Votre sort est douteux, vos jours sont prodigués
Pour nos vrais ennemis qui nous ont subjugués.
Songez qu'il a fallu trois cens ans de constance
Pour sapper par degrés cette vaste puissance;
Le Dauphin vous offrait une honorable paix.

VENDOSME.

Non, de ses favoris je ne l'aurai jamais;
Ami, je hais l'Anglais, mais je hais davantage
Ces lâches Conseillers dont la faveur m'outrage:
Ce fils de Charles-Six, cette odieuse Cour,
Ces maîtres insolents m'ont aigri sans retour;
De leurs sanglans affronts mon ame est trop frappée:
Contre Charles, en un mot, quand j'ai tiré l'Epée,
Ce n'est pas, cher Couci, pour la mettre à ses pieds,
Pour baisser dans sa Cour nos fronts humiliés,
Pour servir lâchement un Ministre arbitraire.

COUCI.

Non, c'est pour obtenir une paix nécessaire,
Gardez d'être réduit au hasard dangereux;
Que les Chefs de l'Etat ne trahissent leurs vœux:
Passez-les en prudence aussi bien qu'en courage;
De cet heureux moment prenez tout l'avantage.
Gouvernez la fortune, & sçachez l'asservir;
C'est perdre ses faveurs que tarder d'en jouir;
Ses retours sont fréquens, vous devez les connaître:
Il est beau de donner la paix à votre Maître;
Son égal aujourd'hui, demain dans l'abandon,
Vous vous verrez réduit à demander pardon.

TRAGEDIE.

La gloire vous conduit que la raison vous guide.

VENDOSME.

Brave & prudent Couci, crois-tu qu'Adélaïde
Dans son cœur amolli partagerait mes feux,
Si le même parti nous unissait tous deux ?
Penses-tu qu'à m'aimer, je pourrais la réduire ?

COUCI.

Dans le fond de son cœur je n'ai point voulu lire;
Mais qu'importe pour vous ses vœux & ses desseins ?
Faut-il que l'amour seul fasse ici nos destins ?
Lorsque Philippe-Auguste, aux plaines de Bovines,
De l'Etat déchiré répara les ruines ;
Quand son bras arrêta dans nos champs inondés
De l'Empire Germain les torrens débordés,
Tant d'honneurs étaient-ils l'effet de sa tendresse ?
Sauva-t-il son pays pour plaire à sa maîtresse ?
Verrai-je un si grand cœur à ce point s'avilir ?
Le salut de l'Etat dépend-t-il d'un soupir ?
Aimez, mais en héros qui maîtrise son ame,
Qui gouverne à la fois ses Etats & sa flamme.
Mon bras contre un rival est prêt à vous servir :
Je voudrais faire plus, je voudrais vous guérir.
On connaît peu l'amour, on craint trop son amorce ;
C'est sur nos lâchetés qu'il a fondé sa force ;
C'est nous qui sous son nom troublons notre repos :
Il est tyran du faible, esclave du héros.
Puisque je l'ai vaincu, puisque je le dédaigne,
Dans l'ame d'un Bourbon souffrirez-vous qu'il régne !
Vos autres ennemis sont par vous abbatus ;
Et vous devez en tout l'éxemple des vertus.

VENDOSME.

Le sort en est jetté, je ferai tout pour elle ;
Il faut bien à la fin désarmer la cruelle.

Ses loix seront mes loix; son Roi sera le mien;
Je n'aurai de parti, de maître que le sien.
Enfin plus de prétexte à ses refus injustes;
Raison, gloire, intérêt, & tous ces droits augustes
Des Princes de mon sang & de mes Souverains,
Sont des liens sacrés, resserrés par ses mains.
Du Roi, puisqu'il le faut, soutenons la Couronne,
La vertu le conseille, & la beauté l'ordonne.
Je veux entre tes mains, dans ce fortuné jour,
Sceller tous les sermens que je fais à l'amour.
Quant à mes intérêts, que toi seul en décide.

COUCI.

Souffrez donc près du Roi que mon zéle me guide.
Peut-être il eût fallu qu'un si grand changement
Ne fût dû qu'au héros, & non pas à l'amant:
Mais si d'un si grand cœur une femme dispose,
L'effet en est trop beau pour en blâmer la cause;
Et mon cœur tout rempli de cet heureux retour,
Bénit votre foiblesse, & rend grace à l'amour.

Fin du deuxième Acte.

ACTE III.
SCENE PREMIERE.
NEMOURS, DANGESTE.
NEMOURS.

Combat infortuné ! Destin qui me poursuit !
O mort ! mon seul recours ! douce mort qui me fuit !
Ciel ! n'as-tu conservé la trame de ma vie,
Que pour tant de malheurs & tant d'ignominie ?
Adélaïde.... au moins pourrai-je la revoir ?

DANGESTE.

Vous la verrez, Seigneur.

NEMOURS.

Ah ! mortel désespoir ?
Elle ose me revoir, & moi je le souhaite !

DANGESTE.

Seigneur, en quel état votre douleur vous jette !
Vos jours sont en péril ; & ce sang agité.....

NEMOURS.

Mes déplorables jours sont trop en sûreté,
Ma blessure est légère ; elle m'est insensible :
Que celle de mon cœur est profonde & terrible !

DANGESTE.

Rendez graces au Ciel de ce qu'il a permis
Que vous ayez trouvé de si chers ennemis.

Il est dur de tomber dans des mains étrangères :
Vous êtes prisonnier du plus tendre des freres.

NEMOURS.

Mon frere !.... ah ! malheureux !

DANGESTE.

Il vous étoit lié
Par les nœuds les plus saints d'une tendre amitié.
Que n'éprouvez-vous point de sa main sécourable ?

NEMOURS.

Sa fureur m'eût flatté ; son amitié m'accable.

DANGESTE.

Quoi ! pour être engagé dans d'autres intérêts,
Le haïssez-vous tant ?

NEMOURS.

Je l'aime, & je me hais,
Et dans les passions de mon ame éperdue
La voix de la nature est encore entendue.

DANGESTE.

Si contre un frere aimé vous avez combattu,
J'en ai vu quelque tems gémir votre vertu ;
Mais le Roi l'ordonnait, & tout vous justifie :
L'entreprise était juste aussi bien que hardie,
Je vous ai vû remplir, dans cet affreux combat,
Tous les devoirs d'un Chef & tous ceux d'un
    Soldat ;
Et vous avez rendu par des faits incroyables,
Votre défaite illustre & vos fers honorables :
On a perdu bien peu quand on garde l'honneur.

NEMOURS.

Non, ma défaite, ami, ne fait point mon malheur.

Du Guesclin, des Français l'amour & le modèle,
Aux Anglais si terrible, à son Roi si fidèle,
Vit ses honneurs flétris par de plus grands revers:
Deux fois sa main puissante a langui dans les fers:
Il n'en fut que plus grand, plus fier & plus à crain-
    dre ;
Et son vainqueur tremblant fut bientôt seul à plain-
    dre.
Du Guesclin ; nom sacré, nom toujours précieux,
Quoi ! ma coupable Nièce évite encor mes yeux !
Sans doute elle a raison de craindre mes reproches,
Ainsi donc, cher Dangeste, elle fuit tes approches !
Tu n'as pu lui parler ?

DANGESTE.

       Seigneur, je vous ai dit
Que bientôt......

NEMOURS.

          Ah ! pardonne à mon cœur interdit,
Trop chère Adélaïde ! Eh bien, quand tu l'as vue,
Parle, à mon nom du moins paraissait-elle émue ?

DANGESTE.

Votre sort en secret paraissait la toucher :
Elle versait des pleurs, & voulait les cacher.

NEMOURS.

Elle pleure & m'outrage ! Elle pleure & m'opprime,
Son cœur, je le vois bien, n'est pas né pour le
    crime.
Pour me sacrifier elle aura combattu :
La trahison la gêne & pèse à sa vertu.
Faible soulagement à ma fureur jalouse !
T'a-t-on dit, en effet, que mon frere l'épouse ?

DANGESTE.

S'il s'en vantait lui-même, en pourriez-vous douter?

NEMOURS.

Il l'époufe! (*appercevant Adélaïde*).
          A ma honte elle vient infulter?
Ah! Dieu!

SCENE II.

NEMOURS, DANGESTE, ADELAIDE.

ADELAIDE.

LE Ciel vous rend à mon ame attendrie;
En veillant fur vos jours, il conferva ma vie.
Je vous revois, Seigneur, & mon cœur empreffé.....
Jufte Ciel! Quels regards, & quel accueil glacé!

NEMOURS.

L'intérêt qu'à mes jours vos bontés daignent pren-
    dre,
Eft d'un cœur généreux; mais il doit me furprendre:
Vous aviez en effet befoin de mon trépas;
Mon rival plus tranquille eût paffé dans vos bras;
Libre dans vos amours, & fans inquiétude,
Vous jouiriez en paix de votre ingratitude;
Et les remords honteux qu'elle traîne après foi,
S'il peut vous en refter, périffaient avec moi.

ADELAIDE.

Hélas! que dites-vous? quelle fureur fubite!...

NEMOURS.

Non, votre changement n'eft pas ce qui m'irrite.

ADELAIDE.

Mon changement! Nemours!

NEMOURS.

A vous seule asservi :
Je vous aimais trop bien, pour n'être point trahi ;
C'est le sort des amants, & ma honte est commune.
Mais que vous insultiez vous-même à ma fortune ;
Qu'en ces murs, où vos yeux ont vu couler mon sang,
Vous acceptiez la main qui m'a percé le flanc ;
Et que vous ajoutiez à l'horreur qui m'accable,
D'une fausse pitié l'affront insupportable ;
Qu'à mes yeux....

ADELAIDE.

Ah ! plutôt donnez-moi le trépas ;
Immolez votre amante, & ne l'accusez pas.
Mon cœur n'est point armé contre votre colère,
Cruel ; & vos soupçons manquaient à ma misère.
Ah ! Nemours ! de quels maux vos jours empoison-
nés....

NEMOURS.

Vous me plaignez, cruelle, & vous m'abandonnez !

ADELAIDE.

Je vous pardonne, hélas ! cette fureur extrême ;
Tout, jusqu'à vos soupçons : jugez si je vous aime.

NEMOURS.

Vous m'aimeriez.... qui ? vous ! Et Vendôme, à
   l'instant,
Entoure de flambeaux l'autel qui vous attend !
Lui-même il m'a vanté sa gloire & sa conquête :
Le barbare ! il m'invite à cette horrible fête.
Que plutôt.....

ADELAIDE.

Ah! cruel! me faut-il employer
Les momens de vous voir à me juftifier!
Votre frere, il eft vrai, perfécute ma vie,
Et par fon fol amour & par fa jaloufie,
Et par l'emportement dont je crains les effets,
Et le dirai-je encor, Seigneur, par fes bienfaits:
Mais j'attefte le Ciel, témoin de ma conduite....
Eh! pourquoi l'attefter, Nemours, fuis-je réduite,
Pour vous perfuader de fi vrais fentimens,
Au fecours inutile & honteux des fermens?
Non, non, vous connoiffez le cœur d'Adélaïde,
C'est vous qui conduifez ce cœur faible & timide.

NEMOURS.

Mais mon frere vous aime.

ADELAIDE.

Ah! n'en redoutez rien.

NEMOURS.

Il fauva vos beaux jours.

ADELAIDE.

Il fauva votre bien.
Dans Cambrai, je l'avoue, il daigna me défendre;
Au Roi que nous fervons, il promit de me rendre;
Et mon cœur fe plaifait, trompé par mon amour,
Puifqu'il eft votre frere, à lui devoir le jour.
Mais bientôt abufant de ma reconnaiffance,
Et de fes vœux hardis écoutant l'efpérance,
Il regarda mes jours, ma liberté, ma foi,
Comme un bien de conquête, & qui n'eft plus à
    moi.
J'ai répondu, Seigneur, à fa flamme funefte,
Par un refus conftant, mais tranquille & modefte;

Et mêlé du respect que je devrai toujours
A mon libérateur, au frere de Nemours.
Mais mon respect l'enflamme, & mon refus l'irrite;
J'anime, en l'évitant, l'ardeur de sa poursuite:
Enflé de sa victoire, & teint de votre sang,
Il m'ose offrir la main qui vous perça le flanc.
Qu'il est loin, juste Dieu ! de penser que ma vie,
Que mon ame à la votre est pour jamais unie,
Que vous causez les pleurs dont mes yeux sont
    chargés,
Que mon cœur vous adore, & que vous m'outragez !
Oui, vous êtes tous deux formés pour mon supplice;
Lui par sa passion, vous par votre injustice ;
Vous, Nemours ! vous, ingrat ! que je vois au-
    jourd'hui,
Moins amoureux peut-être, & plus cruel que lui.

NEMOURS.

C'en est trop; pardonnez.... Voyez mon ame en
    proie
A l'amour, aux remords, à l'excès de ma joie.
Digne & charmant objet d'amour & de douleur,
Ce jour infortuné, ce jour fait mon bonheur.
Glorieux, satisfait dans un sort si contraire,
Tout captif que je suis j'ai pitié de mon frere.
Il est le seul à plaindre avec votre courroux,
Et je suis son vainqueur, étant aimé de vous.

SCENE III.

NEMOURS, DANGESTE, ADELAIDE, VENDOSME.

VENDOSME.

Connaissez donc enfin jusqu'où va ma tendresse,
Et tout votre pouvoir & toute ma faiblesse.
Et vous, mon frere, & vous, soyez ici témoin,
Si l'excès de l'amour peut s'emporter plus loin.
Ce que votre amitié, ce que votre priére,
Les conseils de Couci, le Roi, la France entiére,
Exigeaient de Vendôme, & qu'ils n'obtenaient pas,
Soumis & subjugué, je l'offre à ses appas.
Vous avez refusé, vous condamnez, cruelle,
L'hommage d'un Français, aux Anglais trop fidéle.
Eh! bien, il faut céder, votre Maître est le mien:
De mon frere & de moi soyez l'heureux lien:
Soyez-le de l'Etat, & que ce jour commence
Mon bonheur & le vôtre, & la paix de la France.
Vous, courez, mon cher frere, allez dès ce moment
Annoncer à la Cour un si grand changement.
Moi, sans perdre de tems, dans ce jour d'allegresse,
Qui m'a rendu mon Roi, mon frere & ma maîtresse,
D'un bras vraiment Français, je vais dans nos remparts,
Sous nos lys triomphans briser les Léopards.
Soyez libre, partez: & de mes sacrifices,
Allez offrir au Roi les heureuses prémices.

Puiffé-je à fes genoux préfenter aujourd'hui
Celle qui m'a dompté, qui me raméne à lui,
Qui d'un Prince ennemi fait un Sujet fidèle,
Changé par fes regards & vertueux par elle.

NEMOURS.
(à part).
Il fait ce que je veux, & c'eft pour m'accabler !
(à Adélaïde).
Prononcez notre Arrêt, Madame; il faut parler.

VENDOSME.

Eh! quoi vous demeurez interdite & muette!
De mes foumiffions êtes vous fatisfaite?
Eft-ce affez qu'un vainqueur vous implore à genoux?
Faut-il encor ma vie, ingrate? elle eft à vous;
Vous n'avez qu'à parler, j'abandonne, fans peine,
Ce fang infortuné profcrit par votre haine.

ADELAIDE.

Seigneur, mon cœur eft jufte. On ne m'a vu jamais
Méprifer vos bontés & haïr vos bienfaits.
Mais je ne puis penfer qu'à mon peu de puiffance,
Vendôme ait attaché le deftin de la France;
Qu'il n'ait lu fon devoir que dans mes faibles yeux;
Qu'il ait befoin de moi pour être vertueux.
Vos deffeins ont fans doute une fource plus pure;
Vous avez confulté le devoir, la nature;
L'amour a peu de part où doit régner l'honneur.

VENDOSME.

L'amour feul a tout fait, & c'eft-là mon malheur;
Sur tout autre intérêt, ce trifte amour l'emporte.
Accablez-moi de honte, accufez-moi, n'importe,
Duffé-je vous déplaire & forcer votre cœur,

L'autel est prêt, venez.

NEMOURS.

Vous osez....

ADELAIDE.

Non, Seigneur;
Avant que je vous cède, & que l'hymen nous lie,
Aux yeux de votre frere arrachez-moi la vie:
Le sort met entre nous un obstacle éternel;
Je ne puis être à vous.

VENDOSME.

Nemours!... Ingrate! ah Ciel!
C'en est donc fait!... Mais non... Mon cœur sçait se contraindre,
Vous ne méritez pas que je daigne m'en plaindre.
Vous auriez dû, peut-être, avec moins de détour,
Dans ses premiers transports étouffer mon amour;
Et par un prompt aveu, qui m'eût guéri sans doute,
M'épargner les affronts que ma bonté me coûte:
Mais je vous rends justice; & ces séductions
Qui vont au fonds des cœurs chercher nos passions;
L'espoir qu'on donne à peine, afin qu'on le saisisse;
Ce poison préparé des mains de l'artifice,
Sont les armes d'un Sexe aussi trompeur que vain,
Que l'œil de la raison regarde avec dedain;
Je suis libre par vous. Cet art, que je déteste,
Cet art qui m'enchaîna, brise un joug si funeste;
Et je ne prétends pas, indignement épris,
Rougir devant mon frere, & souffrir des mépris.
Montrez-moi seulement ce rival qui se cache;
Je lui cède avec joie un poison qu'il m'arrache:
Je vous dédaigne assez tous deux pour vous unir,
Perfide! & c'est ainsi que je dois vous punir.

ADELAIDE.

Je devrais seulement vous quitter & me taire;

Mais je suis accusée & ma gloire m'est chère:
Votre frere est présent ; & mon honneur blessé
Doit repousser les traits dont il est offensé.
Pour un autre que vous ma vie est destinée;
Je vous en fais l'aveu, je m'y vois condamnée.
Mais je mériterais la haine & le mépris
Du héros dont mon cœur en secret est épris,
Si jamais d'un coup d'œil l'indigne complaisance
Avait à votre amour laissé quelque espérance.
Vous pensiez que mes vœux, ma liberté, mes jours
Vous étaient asservis pour prix de vos secours :
Je vous devais beaucoup : mais une telle offense
Ferme à la fin mon cœur à la reconnaissance.
Sçachez que des bienfaits qui font rougir mon front,
A mes yeux indignés ne sont plus qu'un affront.
J'ai plaint de votre amour la violence vaine ;
Mais après ma pitié n'attirez point ma haine.
J'ai rejetté vos vœux, que je n'ai point bravés ;
J'ai voulu votre estime, & vous me la devez.

VENDOSME.

Je vous dois ma colère ; & sçachez qu'elle égale
Tous les emportemens de mon amour fatale.
Quoi donc ! vous attendiez, pour oser m'accabler,
Que Nemours fût présent & me vît immoler !
Vous vouliez ce témoin de l'affront que j'endure !
Allez, je le croirais l'auteur de mon injure,
Si... Mais il n'a point vu vos funestes appas :
Mon frere trop heureux ne vous connaissait pas.
Nommez donc mon rival ; mais gardez-vous de croire
Que mon lâche dépit lui céde la victoire.
Je vous trompais ; mon cœur ne peut feindre long-tems :
Je vous traîne à l'autel à ses yeux expirans;

Et ma main, sur sa cendre, à votre main donnée,
Va tremper dans le sang les flambeaux d'hyménée.
Je sçais trop qu'on a vu, lâchement abusés,
Pour des mortels obscurs, des Princes méprisés;
Et mes yeux perceront dans la foule inconnue
Jusqu'à ce vil objet qui se cache à ma vue.

NEMOURS.

Pourquoi d'un choix indigne osez-vous l'accuser ?

VENDOSME.

Et pourquoi, vous mon frere, osez-vous l'excuser ?
Est-il vrai que de vous elle était ignorée ?
Ciel! à ce piége affreux ma foi serait livrée !
Tremblez.

NEMOURS.

Moi, que je tremble ! ah ! j'ai trop dévoré
L'inexprimable horreur où toi seul m'as livré.
J'ai forcé trop long-tems mes transports au silence;
Connais-moi donc barbare, & remplis ta vengeance ;
Connais un désespoir à tes fureurs égal :
Frappe, voilà mon cœur & voilà ton rival.

VENDOSME.

Toi, cruel ! toi Nemours !

NEMOURS.

Oui, depuis deux années,
L'amour la plus secrette a joint nos destinées.
C'est toi dont les fureurs ont voulu m'arracher,
Le seul bien sur la terre, où j'ai pu m'attacher;
Tu fais depuis trois mois les horreurs de ma vie,
Les maux que j'éprouvais passaient ta jalousie.
Par tes égaremens juge de mes transports.
Nous puisâmes tous deux dans ce sang dont je sors,

TRAGEDIE. 45

L'excès des passions qui dévorent une ame.
La nature à tous deux fit un cœur tout de flâme.
Mon frere est mon rival, & je l'ai combattu.
J'ai fait taire le sang, peut-être la vertu.
Furieux, aveuglé, plus jaloux que toi-même,
J'ai couru, j'ai volé pour t'ôter ce que j'aime:
Rien ne m'a retenu, ni tes superbes Tours,
Ni le peu de Soldats que j'avais pour secours,
Ni le lieu, ni le tems, ni sur-tout ton courage;
Je n'ai vu que ma flamme & ton feu qui m'outrage.
L'amour fut dans mon cœur plus fort que l'amitié
Sois cruel comme moi, punis-moi sans pitié.
Aussi-bien tu ne peux t'assurer ta conquête,
Tu ne peux l'épouser, qu'aux dépens de ma tête.
A la face des Cieux je lui donne ma foi:
Je te fais de nos vœux le témoin malgré toi.
Frappe, & qu'après ce coup, ta cruauté jalouse
Traîne aux pieds des Autels ta Sœur & mon Epouse.
Frappe, dis-je; oses tu?

VENDOSME.

     Traître, c'en est assez;
Qu'on l'ôte de mes yeux: Soldats, obéissez.

ADELAIDE.

(aux Soldats).
Non, demeurez, cruels. Ah! Prince, est-il possible
Que la nature en vous trouve une ame infléxible?
Seigneur ....

NEMOURS.

    Vous, le prier! plaignez-le plus que moi;
Plaignez-le, il vous offense, il a trahi son Roi.
Va, je suis dans ces lieux plus puissant que toi-même:
Je suis vengé de toi, l'on te hait & l'on m'aime.

ADELAIDE.

(à Nemours).   *(à Vendôme.)*
Ah! cher Prince! Ah! Seigneur! voyez à vos genoux.

VENDOSME, *(aux Soldats).*

Qu'on me réponde, allez... Madame, levez-vous.
Vos prières, vos pleurs en faveur d'un parjure,
Sont un nouveau poison versé sur ma blessure.
Vous avez mis la mort dans ce cœur outragé :
Mais, perfide, croyez, que je mourrai vengé.
Adieu. Si vous voyez les effets de ma rage,
N'en accusez que vous, nos maux sont votre ou-
vrage.

ADELAIDE.

Je ne vous quitte pas : écoutez-moi, Seigneur.

VENDOSME.

Eh! bien, achevez donc de déchirer mon cœur;
Parlez.

SCENE IV.

NEMOURS, DANGESTE, ADELAIDE, VENDOSME, COUCI, UN OFFICIER, SOLDATS.

COUCI.

J'Allais partir ; un peuple téméraire
Se soulève en tumulte au nom de votre frere ;
Le désordre est par tout. Vos Soldats consternés
Désertent les drapeaux de leurs Chefs étonnés ;
Et pour comble de maux, vers la Ville allarmée
L'Ennemi rassemblé fait marcher son armée.

VENDOSME.

Allez, cruelle, allez, vous ne jouirez pas
Du fruit de votre haine & de vos attentats:

Rentrez. Aux factieux je vais montrer leur maitre.
(à l'Officier).   (à Couci).
Qu'on la retienne ici. Vous, veillez sur ce traitre.

SCENE V.

NEMOURS, COUCI.

COUCI.

LE seriez-vous, Seigneur ! auriez-vous démenti
Le sang de ces héros dont vous êtes sorti?
Auriez-vous violé, par cette lâche injure,
Et les droits de la guerre & ceux de la nature !
Un Prince à cet excès pourrait-il s'oublier?

NEMOURS.

Non. Mais suis-je réduit à me justifier?
Couci, ce peuple est juste, il t'apprend à connaître
Que mon frere est rébelle, & que Charles est son maître.

COUCI.

Ecoutez. Ce serait le comble de mes vœux,
De pouvoir aujourd'hui vous réunir tous deux.
Si vous avez un cœur digne de votre race,
Faites au bien public servir votre disgrace;
Rapprochez les partis; unissez-vous à moi,
Pour calmer votre frere & fléchir votre Roi;
Pour éteindre le feu de nos guerres civiles.

NEMOURS.

Ne vous en flattez pas; vos soins sont inutiles.
Si la discorde seule avait armé mon bras,
Si la guerre & la haine avaient conduit mes pas,

Vous pourriez espérer de réunir deux freres,
L'un de l'autre écartés dans des partis contraires ;
Un obstacle plus grand s'oppose à ce retour.

COUCI.

Et quel est-il, Seigneur ?

NEMOURS.

Ah ! reconnais l'amour,
Reconnais la fureur qui de nous deux s'empare,
Qui m'a fait téméraire, & qui le rend barbare.

COUCI.

Ciel ! faut-il voir ainsi par des caprices vains,
Anéantir le fruit des plus nobles desseins ;
L'Amour subjuguer tout ; ses cruelles faiblesses,
Du sang qui se révolte étouffer les tendresses ;
Des freres se haïr ; & naître, en tous climats,
Des passions des Grands, le malheur des Etats !
Princes, de vos amours laissons-là le mystére.
Je vous plains tous les deux ; mais je sers votre frere :
Je vais le seconder ; je vais me joindre à lui.
Contre un peuple insolent, qui se fait votre appui :
Je lui dois mon secours ; je vous laisse & j'y vole.
Soyez mon prisonnier, mais sur votre parole ;
Elle me suffira.

NEMOURS.

Je vous la donne.

COUCI.

Et moi,
Je voudrais de ce pas porter la sienne au Roi.
Je voudrais cimenter, dans l'ardeur de lui plaire,
Du sang de nos tyrans une union si chère.
Mais ces fiers ennemis sont bien moins dangéreux
Que ce fatal amour qui vous perdra tous deux.

Fin du troisième Acte.

ACTE IV.

ACTE IV.

SCENE PREMIERE.

ADÉLAIDE, NEMOURS, DANGESTE.
NEMOURS.

NOn, non ; ce peuple en vain s'armait pour ma
　défense,
Mon frere teint de sang, enivré de vengeance,
Devenu plus jaloux, plus fier & plus cruel,
Va traîner à mes yeux sa victime à l'autel.
Je ne suis donc venu disputer ma conquête,
Que pour être témoin de cette horrible fête !
Et dans le désespoir d'un impuissant courroux,
Je ne puis me venger qu'en me privant de vous.
Partez, Adélaïde.

ADELAIDE.

　　　　　Il faut que je vous quitte !
Quoi ! vous m'abandonnez ! vous ordonnez ma
　fuite !
NEMOURS.
Il le faut, chaque instant est un péril fatal ;
Vous êtes une esclave aux mains de mon rival.

Remercions le Ciel dont la bonté propice
Nous suscite un secours au bord du précipice,
Vous voyez cet ami qui doit guider vos pas ;
Sa vigilance adroite a séduit des soldats,
    (à Dangeste).
Dangeste, les malheurs ont droit à tes services.
Je suis loin d'éxiger d'injustes sacrifices.
Je respecte mon frere, & je ne prétends pas
Conspirer contre lui dans ses propres Etats :
Ecoute seulement la pitié qui te guide,
Ecoute un vrai devoir, & sauve Adélaïde.

ADELAIDE.

Hélas ! ma délivrance augmente mon malheur ;
Je détestais ces lieux, j'en sors avec terreur.

NEMOURS.

Privez-moi par pitié d'une si chere vue,
Tantôt à ce départ vous étiez résolue ;
Le dessein était pris, n'osez-vous l'achever.

ADELAIDE.

Ah ! quand j'ai voulu fuir, j'espérais vous trouver.

NEMOURS.

Prisonnier sur ma foi, dans l'horreur qui me presse,
Je suis plus enchaîné par ma seule promesse,
Que si de cet Etat les tyrans inhumains,
Des fers les plus pésans avaient chargé mes mains.
Au pouvoir de mon frere, ici l'honneur me livre :
Je peux mourir pour vous, mais je ne peux vous
    suivre.
Cet ami vous conduit par des détours obscurs,
Qui vous rendront bientôt sous ces coupables murs.
De la Flandre à sa voix on doit ouvrir la porte ;
Du Roi sous les remparts il trouvera l'escorte.

TRAGEDIE.

Le tems presse : évitez un ennemi jaloux.
ADELAIDE.
Je vois qu'il faut partir, cher Nemours, & sans vous !
NEMOURS.
L'amour nous a rejoints, que l'amour nous sépare.
ADELAIDE.
Qui ? moi ! que je vous laisse au pouvoir d'un barbare !
Seigneur, de votre sang l'Anglais est altéré ;
Ce sang à votre frere est-il donc si sacré ?
Craindra-t-il d'accorder, dans son courroux funeste,
Aux alliés qu'il aime un rival qu'il déteste ?
NEMOURS.
Il n'oserait.
ADELAIDE.
Son cœur ne connait point de frein,
Il vous a menacé ; menace-t-il en vain ?
NEMOURS.
Il tremblera bientôt : le Roi vient & nous venge :
La moitié de ce peuple à ses drapeaux se range.
Allez : si vous m'aimez, dérobez-vous aux coups
Des foudres allumés grondans autour de nous ;
Au tumulte, au carnage, au désordre effroyable,
Dans des murs pris d'assaut, malheur inévitable.
Mais craignez encor plus un rival furieux ;
Craignez l'amour jaloux qui veille dans ses yeux.
Je frémis de vous voir encor sous sa puissance ;
Redoutez son amour autant que sa vengeance.
Cédez à mes douleurs ; qu'il vous perde, partez....
ADELAIDE.
Et vous vous exposés seul à ses cruautés !

Dij

NEMOURS.

Ne craignez rien pour vous, je craindrai peu mon
    frere :
Et bientôt mon appui lui devient nécessaire.

ADELAIDE.

Auffi-bien que mon cœur, mes pas vous font fou-
    mis.
Eh bien ! vous l'ordonnez, je pars & je frémis.
Je ne fçais .... mais enfin la fortune jaloufe
M'a toujours envié le nom de votre époufe...

NEMOURS.

Partez avec ce nom. La pompe des Autels,
Ces voiles, ces flambeaux, ces témoins folemnels,
Inutiles garants d'une foi fi facrée,
La rendront plus connue, & non plus affurée.
Vous, Mânes des Bourbons, Princes, Rois, mes
    Ayeux,
Du féjour des Héros tournez ici les yeux ;
J'ajoute à votre gloire, en la prenant pour femme ;
Confirmez mes ferments, ma tendreffe & ma flamme ;
Adoptez-la pour fille ; & puiffe fon époux
Se montrer à jamais digne d'elle & de vous.

ADELAIDE.

Rempli de vos bontés, mon cœur n'a plus d'allarmes.
Cher époux ! cher amant !....

NEMOURS.

        Quoi ! vous verfez des larmes !
C'eft trop tarder : adieu. Ciel ! quel tumulte affreux !

SCÈNE II.

ADÉLAÏDE, NEMOURS, DANGESTE, VENDOSME, SOLDATS.

VENDOSME.

JE l'entends ; c'est lui-même : arrête, malheureux ;
Lâche qui me trahis, rival indigne, arrête.

NEMOURS.

Il ne te trahit point ; mais il t'offre sa tête.
Porte à tous les excès ta haine & ta fureur.
Va, ne perds point de tems, le Ciel arme un vengeur :
Tremble, ton Roi s'approche, il vient, il va paraître :
Tu n'as vaincu que moi, redoute encor ton maître.

VENDOSME.

Il pourra te venger, mais non te secourir :
Et ton sang....

ADÉLAÏDE.

Non, cruel ; c'est à moi de mourir.
J'ai tout fait : c'est par moi que ta garde est séduite ;
J'ai gagné tes soldats, j'ai préparé ma fuite :
Punis ces attentats & ces crimes si grands,
De sortir d'esclavage & de fuir tes tyrans.
Mais respecte ton frere, & sa femme & toi-même !
Il ne t'a point trahi ; c'est un frere qui t'aime ;
Il voulait te servir quand tu veux l'opprimer !

Quel crime a-t-il commis, cruel que de m'aimer?
L'amour n'est-il en toi qu'un Juge inéxorable?

VENDOSME.

Plus vous le défendez, plus il devient coupable:
C'est vous qui le perdez, vous qui l'assassinez;
Vous, par qui tous nos jours étaient empoisonnés ;
Vous, qui pour leur malheur armez des mains si chéres :
Puisse tomber sur vous tout le sang des deux freres!
Vous pleurez.... mais vos pleurs ne peuvent me tromper.
Je suis prêt à mourir, & prêt à le frapper.
Mon malheur est au comble, ainsi que ma faiblesse :
Oui, je vous aime encor. Le tems, le péril presse;
Vous pouvez à l'instant parer le coup mortel ;
Voilà ma main, venez, sa grace est à l'Autel.

ADELAIDE.

Moi, Seigneur!

VENDOSME.

C'est assez.

ADELAIDE

Moi, que je le trahisse!

VENDOSME.

Arrêtez...... Répondez...

ADELAIDE.

Je ne puis.

VENDOSME.

Qu'il périsse...

ADELAIDE, à Vendôme.

Qu'il périsse, barbare!

TRAGEDIE.

NEMOURS.

En ces aff.eux combats,
Ofez m'aimer affez pour vouloir mon trépas.
VENDOSME, *à fes Gardes*.
Qu'on l'entraîné à la Tour ; allez, qu'on m'obéiffe.

SCENE III.

COUCI, VENDOSME, ADELAIDE.

ADELAIDE, *à Couci*.

AH ! je n'attends plus rien que de votre juftice,
Couci ; contre un cruel ofez me fecourir.

VENDOSME.

Garde-toi de l'entendre, ou tu vas me trahir.

ADELAIDE.

J'attefte ici le Ciel !...

VENDOSME.

Eloignez de ma vûe...
Ami, délivrez-moi d'un objet qui me tue.

ADELAIDE.

Va, tyran, c'en eft trop ; va, dans mon défefpoir,
J'ai combattu l'horreur que je fens à te voir.
J'ai cru, malgré ta rage, à ce point emportée,
Qu'une femme du moins en ferait refpectée.
L'amour adoucit tout, hors ton barbare cœur ;
Tigre, je t'abandonne à toute ta fureur,
Dans ton féroce amour immole tes victimes !
Compte dès ce moment ma mort parmi tes crimes.

D iv

Mais compte encor la tienne ; un vengeur va venir :
Par ton juste supplice il va tous nous unir.
Tombe avec tes remparts, tombe, & péris sans gloire ;
Meurs ; & que l'avenir prodigue à ta mémoire,
A tes feux, à ton nom justement abhorré,
La haine & le mépris que tu m'as inspiré.

SCENE IV.
VENDOSME, COUCI.
VENDOSME.

Oui, cruelle ennemie, & plus que moi farouche,
Oui, j'accepte l'Arrêt prononcé par ta bouche.
Que la main de la haine, & que les mêmes coups,
Dans l'horreur du tombeau, nous réunissent tous !

COUCI.

Il ne se connait plus, il succombe à sa rage.

VENDOSME.

Hé bien ! souffriras-tu ma honte & mon outrage !
Le tems presse : veux-tu qu'un rival odieux
Enlève la perfide, & l'épouse à mes yeux ?
Tu crains de me répondre ? attends-tu que le traître
Ait soulevé mon peuple, & me livre à son maître ?

COUCI.

Je vois trop en effet que le parti du Roi,
Du peuple fatigué fait chanceler la foi.
De la sédition la flamme reprimée
Vit encor dans les cœurs, en secret rallumée.

VENDOSME.
C'eſt Nemours qui l'allume ; il nous a trahis tous.
COUCI.
Je ſuis loin d'excuſer ſes crimes envers vous:
L'amitié des Anglais eſt toujours incertaine,
Les Etendars de France ont paru vers la plaine,
Et vous êtes perdu, ſi le peuple excité
Croit dans la trahiſon trouver ſa ſûreté.
Vos dangers ſont accrus.
VENDOSME.
Hé bien ! que faut-il faire ?
COUCI.
Les prévenir ; dompter l'amour & la colére.
Ayons encor, mon Prince, en cette extrêmité,
Pour prendre un parti ſûr, aſſez de fermeté.
Nous pouvons conjurer ou braver la tempête.
Quoi que vous décidiez, ma main eſt toute prête.
Vous vouliez ce matin, par un heureux traité,
Appaiſer avec gloire un Monarque irrité ;
Ne vous rebutez pas, ordonnez ; & j'eſpère
Signer en votre nom une paix ſalutaire.
Mais s'il vous faut combattre, ou courir au trépas,
Vous ſçavez qu'un ami ne vous ſurvivra pas.
VENDOSME.
Ami, dans le tombeau laiſſe-moi ſeul deſcendre ;
Vis, pour ſervir ma cauſe, & pour venger ma cendre ;
Mon deſtin s'accomplit, & je cours l'achever ;
Qui ne veut que la mort eſt ſûr de la trouver.
Mais je la veux terrible, & lorſque je ſuccombe,
Je veux voir mon rival entraîné dans ma tombe.
COUCI.
Comment ! De quelle horreur vos ſens ſont poſſédés !

VENDOSME.

Il est dans cette Tour, où vous seul commandez :
Et vous m'avez promis que contre un téméraire...

COUCI.

Contre Nemours ! ah ! ciel !

VENDOSME.

Nemours est-il mon frere ?
Il me livre à son maître, il m'a seul opprimé,
Il soulève mon peuple, enfin il est aimé ;
Contre moi, dans ce jour, il commet tous les crimes.
Partage mes fureurs, elles sont légitimes ;
Toi seul, après ma mort, en cueilliras le fruit.
Le chef de ces Anglais, dans la Ville introduit,
Demande au nom des siens la tête du parjure.

COUCI.

Vous leur avez promis de trahir la nature ?

VENDOSME.

Dès long-tems du perfide ils ont proscrit le sang ;

COUCI.

Et, pour leur obéir, vous lui percez le flanc.

VENDOSME.

Non, je n'obéis point à leur haine étrangère ;
J'obéis à ma rage, & veux la satisfaire.
Que m'importe l'Etat & mes vains Alliés ?

COUCI.

Ainsi donc à l'amour vous le sacrifiez ;
Et vous me chargez, moi, du soin de son supplice ?

VENDOSME.

Je n'attends pas de vous cette prompte justice.

Je suis bien malheureux, bien digne de pitié !
Trahi dans mon amour, trahi dans l'amitié !
Ah ! trop heureux Dauphin, c'est ton sort que j'envie !
Ton amitié du moins n'a point été trahie :
Et Tangui du Châtel, quand tu fus offensé,
T'a servi sans scrupule, & n'a pas balancé.

COUCI.
Il a payé bien cher ce fatal sacrifice.

VENDOSME.
Le mien coûtera plus ; mais je veux ce service :
Oui, je le veux ; ma mort à l'instant le suivra ;
Mais du moins mon rival avant moi périra.

COUCI, *après un long silence.*
J'obéirai, Seigneur ; soit crime, soit justice,
Vous ne vous plaindrez plus que Couci vous trahisse.
Je me rends, non à vous, non à votre fureur,
Mais à d'autres raisons qui parlent à mon cœur.
Quand un ami se perd, il faut qu'on l'avertisse ;
Il faut qu'on le retienne au bord du précipice :
Je l'ai dû, je l'ai fait, malgré votre courroux ;
Vous y voulez tomber, je m'y jette avec vous,
Et vous reconnaîtrez, au succès de mon zèle,
Si Couci vous aimait, & s'il vous fut fidèle.

VENDOSME.
Je revois mon ami... vengeons-nous, vole, attend.
Non, va, te dis-je, frappe, & je mourrai content,
Qu'à l'instant de sa mort, à mon impatience,
Le canon des remparts annonce ma vengeance.
J'irai, je l'apprendrai, sans trouble & sans effroi,
A l'objet odieux qui l'immole par moi.
Volez.

COUCI.
En vous rendant ce malheureux service,
Prince, je vous demande un autre sacrifice,

VENDOSME.

Parle.

COUCI.

Je ne veux pas que l'Anglais en ces lieux,
Protecteur insolent, commande sous mes yeux :
Je ne veux pas servir un tyran qui nous brave.
Ne puis-je vous venger, sans être son esclave ?
Si vous voulez tomber, pourquoi prendre un appui ?
Pour mourir avec vous, ai-je besoin de lui !
Du sort de ce grand jour laissez-moi la conduite ;
Ce que je fais pour vous, peut-être le mérite.
Les Anglais avec moi pourraient mal s'accorder.
Jusqu'au dernier moment je veux seul commander.

VENDOSME.

Oui : pourvû que l'ingrate, au désespoir réduite,
Pleure en larmes de sang l'amant qui l'a séduite ;
Pourvû que de l'horreur de ses gémissemens,
Ma fureur se repaisse à ses derniers momens ;
Tout le reste est égal, & je te l'abandonne.
Prépare le combat, agis, dispose, ordonne.
Ce n'est plus la victoire où ma fureur prétend ;
Je ne cherche pas même un trépas éclatant.
Aux cœurs désespérés qu'importe un peu de gloire ?
Périsse, ainsi que moi, ma funeste mémoire !
Périsse, avec mon nom, le souvenir fatal
D'une indigne maîtresse & d'un lâche rival.

COUCI.

Je l'avoue avec vous ; une nuit éternelle
Doit couvrir, s'il se peut, une fin si cruelle.
C'était avant ce coup qu'il nous fallait mourir ;
Mais je tiendrai parole, & je vais vous servir.

Fin du quatrième Acte.

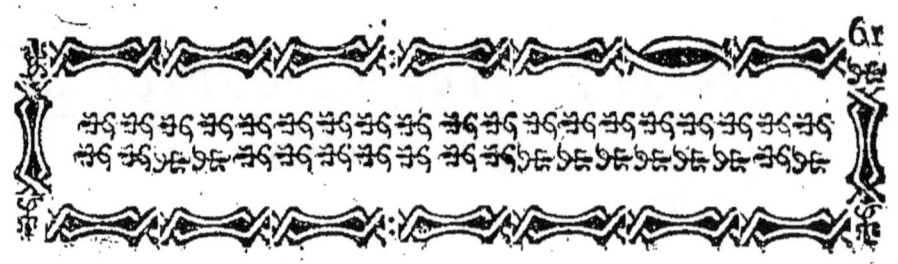

ACTE V.

SCENE PREMIERE.

VENDOSME, UN OFFICIER, GARDES, *dans le fond.*

VENDOSME.

O Ciel! me faudra-t-il, de momens en momens,
Voir & des trahisons & des soulévemens?
Eh bien! de ces mutins l'audace est terrassée?

L'OFFICIER.

Seigneur, ils vous ont vû; leur foule est dispersée.

VENDOSME.

L'ingrat de tous côtés m'opprimait aujourd'hui:
Mon malheur est parfait tous les cœurs sont à lui.
Dangeste, est-il puni de sa fourbe cruelle?

L'OFFICIER.

Le glaive a fait couler le sang de l'infidèle.

VENDOSME.

Ce Soldat, qu'en secret vous m'avez amené,
Va-t-il exécuter l'ordre que j'ai donné?

L'OFFICIER.

Oui, Seigneur; & déjà vers la Tour il s'avance.

VENDOSME.

Je vais donc à la fin jouir de ma vengeance.
Sur l'incertain Couci mon cœur a trop compté;
Il a vu ma fureur avec tranquillité.
On ne soulage point des douleurs qu'on méprise;
Il faut qu'en d'autres mains ma vengeance soit mise.
  (à l'Officier).
Vous! que sur nos remparts on porte nos drapeaux,
Allez; qu'on se prépare à des périls nouveaux.
Vous sortez d'un combat, un autre vous appelle;
Ayez la même audace avec le même zèle,
Imitez votre maître. Et s'il vous faut périr,
Vous recevrez de moi l'exemple de mourir.

SCENE II.

VENDOSME, seul.

Le sang, l'indigne sang, qu'a demandé ma rage,
Sera du moins pour moi le signal du carnage.
Un bras vulgaire & sûr va punir mon rival.
Je vais être servi. J'attends l'heureux signal.
Nemours, tu vas périr : mon bonheur se prépare!
Un frere assassiné!... Quel bonheur! Ah! barbare!
S'il est doux d'accabler ses cruels ennemis,
Si ton cœur est content, d'où vient que tu frémis?
Allons.... Mais, quelle voix gémissante & sévére,
Crie au fond de mon cœur: *arrête, il est ton frere.*
Ah! Prince infortuné, dans ta haine affermi,
Songe à des droits plus saints; Nemours fut ton ami.

O jours de notre enfance! ô tendresses passées !
Il fut le confident de toutes mes pensées.
Avec quelle innocence & quels épanchemens,
Nos cœurs se sont appris leurs premiers sentimens !
Que de fois, partageant mes naissantes allarmes !
D'une main fraternelle essuya-t-il mes larmes !
Et c'est moi qui l'immole ! & cette même main,
D'un frere que j'aimais, déchirerait le sein !
O passion funeste ! ô fureur qui m'égare !
Non, je n'étais pas né pour devenir barbare :
Je sens combien le crime est un fardeau cruel.
Mais que dis-je ? Nemours est le seul criminel :
Je reconnais mon sang ; mais c'est à sa furie :
Il m'enleve l'objet dont dépendait ma vie :
Il aime Adélaïde. Ah ! trop jaloux transport !
Il l'aime : est-ce un forfait qui mérite la mort ?
Helas ! malgré les tems, & la guerre & l'absence,
Leur tranquille union croissait dans le silence ;
Ils nourrissaient en paix leur innocente ardeur,
Avant qu'un fol amour empoisonnât mon cœur.
Mais lui-même il m'attaque, il brave ma colère,
Il me trompe, il me hait. N'importe : il est mon frere.
Il ne périra point : nature je me rends.
Je ne veux point marcher sur les pas des tyrans.
Je n'ai point entendu le signal homicide,
L'organe des forfaits, la voix du parricide ;
Il en est tems encor.

SCENE III.
VENDOSME, L'OFFICIER, GARDES.

VENDOSME, *à l'Officier qui entre.*

Que l'on fauve Nemours.
Portez mon ordre, allez, répondez de fes jours.
Que Couci.... (*on entend un coup de canon.*)
    Dieu! qu'entends-je! ah! j'ai perdu mon frere!
Il eſt mort, & je vis!... ce jour encor m'éclaire!
Ennemi de mon Roi, factieux, inhumain,
Frere dénaturé, raviſſeur, aſſaſſin;
Voilà quel eſt Vendôme! ah! verité funeſte!
Je vois ce que je ſuis, & ce que je deteſte.
Le voile eſt déchiré : je m'étais mal connu;
Au comble des forfaits je ſuis donc parvenu :
Ah Nemours! ah mon frere! ah! jour de ma ruine!
Je ſens que je t'aimais; & mon bras t'aſſaſſine!
Mon frere!

L'OFFICIER.
    Adélaïde avec empreſſement,
Veut, Seigneur, en ſecret, vous parler un moment.

VENDOSME.
Adélaïde! ô Ciel! empêchez qu'elle avance :
Je ne puis ſoutenir, ni ſouffrir ſa préſence.
Mais non : d'un parricide elle doit ſe venger :
Dans mon coupable ſang ſa main doit ſe plonger :
Qu'elle entre. Ah! je ſuccombe, & ne vis plus qu'à
    peine.

SCENE.

SCENE IV.

VENDOSME, ADELAIDE, TAISE.

ADELAIDE.

Vous l'emportez, Seigneur; & puisque votre haine....
(Comment puis-je autrement appeller en ce jour
Ces affreux sentimens que vous nommez amour?)
Puisqu'à ravir ma foi votre haine obstinée,
Veut, ou le sang d'un frere, ou ce triste hyménée,
Mon choix est fait, Seigneur, & je me donne à vous,
Par le droit des forfaits, vous êtes mon époux;
Brisez les fers honteux dont vous chargez un frere :
De Lille sous ses pas abbaissez la barrière :
Que je ne tremble plus pour des jours si chéris.
Je trahis mon amant ; je le perds à ce prix.
Je vous épargne un crime, & suis votre conquête.
Commandez, disposez; ma main est toute prête.
Peut-être cette main que vous tyrannisez,
Punira la faiblesse où vous me réduisez :
Peut-être au temple même, où vous m'allez conduire.
Mais vous voulez ma main ; ma main doit vous suffire.
Allons. Eh quoi ! d'où vient ce silence affecté ?
Quoi ! votre frere encor, n'est point en liberté !

VENDOSME.

Mon frere ?

ADELAIDE.

Dieu puissant, dissipez mes allarmes.
Ciel ! de vos yeux cruels, je vois tomber des larmes !

E

VENDOSME.
Vous demandez la vie?
ADELAIDE.
Ah! qu'est-ce que j'entends?
Vous, qui m'aviez promis.....
VENDOSME.
Madame, il n'est plus tems.
ADELAIDE.
Il n'est plus tems!....Nemours!
VENDOSME.
Il est trop vrai, cruelle.
Oui, vous avez dicté la sentence mortelle.
Couci, pour nos malheurs, a sçu trop m'obéir.
Ah! revenez à vous : vivez pour me punir.
Frappez. Que votre main contre moi ranimée
Perce un cœur inhumain qui vous a trop aimée,
Un cœur dénaturé qui n'attend que vos coups.
Oui, j'ai tué mon frere, & l'ai tué pour vous :
Vengez sur un coupable, un monstre sanguinaire,
Tous les crimes affreux que vous m'avez fait faire.

ADELAIDE.
Nemours est mort! barbare!

VENDOSME.
Oui : mais c'est de ta main
Que son sang veut ici le sang de l'assassin.
ADELAIDE, *presque évanouie & soutenue par Taïse.*
Il est mort!
VENDOSME.
Ton reproche,...

ADELAIDE.

Epargne ma miſére.
Laiſſe-moi, je n'ai plus de reproche à te faire.
Va, porte ailleurs ton crime & ton vain repentir :
Je veux encor le voir, l'embraſſer & mourir.

VENDOSME.

Ton horreur eſt trop juſte. Hé bien ! Adélaïde,
Prends ce fer, arme-toi, mais contre un parricide.
Je ne mérite pas de mourir de tes coups ;
Que ma main les conduiſe.

SCENE V.

VENDOSME, ADELAIDE, TAISE, COUCI.

COUCI, *arrêtant le bras de Vendôme.*

Ah ! Ciel ! que faites-vous ?

VENDOSME.

Laiſſez-moi me punir & me rendre juſtice.

ADELAIDE, *à Couci.*

Vous, d'un aſſaſſinat vous êtes le complice !...

VENDOSME.

Miniſtre de mon crime as-tu pu m'obéir ?

COUCI.

Je vous avais promis, Seigneur, de vous ſervir.

VENDOSME.

Malheureux que je suis ! ta sevère rudesse
A cent fois de mes sens combattu la faiblesse ;
Ne devais-tu te rendre à mes tristes souhaits,
Que quand ma passion t'ordonnait des forfaits?
Tu ne m'as obéi que pour perdre mon frere ?

COUCI.

Si j'avais refusé ce sanglant ministère,
Votre aveugle courroux n'aurait-il pas soudain,
Du soin de vous vanger, chargé toute autre main !

VENDOSME.

L'amour, le seul amour, de mes sens toujours maître,
En m'ôtant ma raison, m'eût excusé peut-être :
Mais toi, dont la sagesse & les réfléxions
Ont calmé dans ton sein toutes les passions ;
Toi, qui montras toujours un cœur ferme & rigide,
Avec tranquillité permettre un parricide !

COUCI.

Hé bien ! puisque la honte & que le repentir,
Par qui la vertu parle à qui peut la trahir,
D'un si juste remords ont pénétré votre ame ;
Puisque, malgré l'excès de votre aveugle flâme,
Au prix de votre sang vous voudriez sauver
Ce sang dont vos fureurs ont voulu vous priver ;
Je peux donc m'expliquer, je peux donc vous ap-
  prendre,
Que de vous-même enfin Couci sçait vous défendre
Connaissez moi, Madame, & calmez vos douleurs.

 (*au Duc*).   (*à Adélaïde*).

Vous, gardez vos remords. Et vous, séchez vos pleurs.
Que ce jour à tous trois soit un jour salutaire :
Venez, paraissez, Prince ; embrassez votre frere.

SCENE VI.

VENDOSME, ADELAIDE, TAISE, COUCI, NEMOURS.
SOLDATS, *dans le fond.*

ADELAIDE.

Nemours!

VENDOSME.

Mon frere!

ADELAIDE.

Ah! Ciel!

VENDOSME.

Qui l'aurait pu penser?

NEMOURS.

J'ose encor te revoir, te plaindre & t'embrasser.

VENDOSME.

Mon crime en est plus grand, puisque ton cœur l'oublie.

ADELAIDE.

Couci, digne héros qui me rendez la vie!

VENDOSME.

Il la donne à tous trois.

COUCI.

Un indigne assassin
Sur Nemours à mes yeux avait levé la main;

J'ai saisi le barbare ; & prévenant encore
Les aveugles fureurs du feu qui vous dévore,
J'ai fait donner soudain le signal odieux,
Sûr que le repentir vous ouvrirait les yeux.

VENDOSME.

Après ce grand exemple & ce service insigne,
Le prix que je t'en dois, c'est de m'en rendre digne.
Le fardeau de mon crime est trop pésant pour moi.
Mes yeux couverts d'un voile & baissés devant toi,
Craignent de rencontrer, & les regards d'un frere,
Et la beauté fatale à tous les deux trop chere.

NEMOURS.

Tous deux auprès du Roi nous voulions te servir.
Quel est donc ton dessein ? Parle.

VENDOSME.

      De me punir ;
De nous rendre à tous trois une égale justice ;
D'expier devant vous, par le plus grand supplice,
Le plus grand des forfaits, où la fatalité,
L'amour & le courroux m'avaient précipité.
J'aimais Adélaïde, & ma flamme cruelle
Dans mon cœur désolé s'irrite encor pour elle :
Couci sçait à quel point j'adorais ses appas,
Quand ma jalouse rage ordonnait ton trépas.
Dévoré, malgré moi, du feu qui me posséde,
Je l'adore encor plus, & mon amour la cède.
Je m'arrache ce cœur la voyant dans tes bras.
Aimez-vous, mais au moins ne me haïssez pas.

NEMOURS, *à ses pieds.*

Moi, vous haïr ! Jamais. Vendôme ! mon cher
 frere !
J'osai vous outrager.... Vous me servez de pere.

ADÉLAIDE.

Oui, Seigneur, avec lui j'embrasse vos genoux;
La plus tendre amitié va me rejoindre à vous;
Vous me payez trop bien de mes douleurs souffertes.

VENDOSME.

Ah! c'est trop me montrer mes malheurs & mes pertes.
Mais vous m'apprenez tous à suivre la vertu;
Ce n'est point à demi que mon cœur est rendu;
Trop fortunés Epoux, oui, mon ame attendrie,
Imite votre exemple, & chérit sa Partie.

(à Nemours).

Allez apprendre au Roi, pour qui vous combattez,
Mon crime, mes remords & vos félicités:
Allez: ainsi que vous, je vais le reconnaître:
Sur nos remparts soumis amenez votre Maître.

(à Couci).

Il est déjà le mien. Nous, allons à ses pieds,
Abbaisser sans regret nos fronts humiliés.
J'égalerai pour lui votre intrépide zèle;
Bon Français, meilleur Frere, Ami, Sujet fidèle.
Es-tu content, Couci?

COUCI.

J'ai le prix de mes soins,
Et du sang des Bourbons je n'attendais pas moins.

Fin du cinquième & dernier Acte.

APPROBATION.

J'AI lu par ordre de Monseigneur le Vice-Chancellier, *Adélaïde du Guesclin*, Tragédie, & je crois qu'on peut en permettre l'impression. A Paris ce 10 Novembre 1765.

MARIN.

Le Privilège & l'Enrégistrement se trouvent aux Oeuvres de Théâtre de l'Auteur.

Au Château de Fernay 4 Novembre.

SCavez-vous, Monsieur, combien votre Lettre me fait d'honneur & de plaisir ? Voici donc le tems où les morts ressuscitent. On vient de rendre la vie à je ne sçais quelle Adélaïde, enterrée depuis près de trente ans. Vous voulez en faire autant à Pandore, il ne me manque plus que de me rajeunir ; mais Mr. Tronchin ne fera pas ce miracle, & vous viendrez à bout du vôtre.

Pandore n'est pas un bon Ouvrage, mais il peut produire un beau Spectacle, & une musique variée. Il est plein de *Duo*, de *Trio* & de Chœurs ; c'est d'ailleurs un Opéra philosophique qui devrait être joué devant Bayle & Diderot. Il s'agit de l'origine du mal moral & du mal physique ; Jupiter y joue d'ailleurs un assez indigne rôle, il ne lui manque plus que ses deux tonneaux : un assez médiocre Musicien, nommé Noyer, avait fait presque toute la musique de cette piéce bizarre, lorsqu'il s'avisa de mourir. Vous ne ressusciterez pas ce Noyer, vous êtes plutôt homme à l'enterrer.

J'avoue, Monsieur, qu'on commence à se lasser du recitatif de Lully, parce qu'on se lasse de l'art, parce qu'on sçait par cœur cette belle déclamation nottée, parce qu'il y a peu d'Acteurs qui sçachent y mettre de l'ame ; mais cela n'empêchera pas que cette déclamation ne soit le ton de la nature, & la plus grande expression de notre langue. Les recits même m'ont toujours parus fort supérieurs à la Psalmodie italienne, & je suis comme le Sénateur Porocurante, qui ne pouvait souffrir un Chantre faisant d'un air gauche le rôle de Cesar ou de Caton. L'Opéra italien ne vit que d'Ariettes & de Frédons ; c'est le mérite des Romains d'aujourd'hui ; la Grand-Messe & l'Opéra font leur gloire : ils ont des faiseurs de double croches, au lieu de Ciceron & de Virgile ; leurs voix charmantes ravissent tout un

Auditoire en *a*, en *e*, en *i* & en *o*.

Je suis persuadé, monsieur, qu'en unissant ensemble le mérite français & le mérite italien, autant que le génie de la langue le comporte ; & en ne nous bornant pas au vain plaisir de la difficulté surmontée, vous pouvez faire un excellent Ouvrage sur un très-médiocre canevas ; il y a heureusement peu de recitatifs dans les premiers actes, il parait même se prêter à être mêlé & coupé par des Arriettes.

Au reste, si vous voulez vous amuser à mettre le Péché originel en musique, vous sentez bien, Monsieur, que vous serez le maître d'arranger le Jardin d'Eden tout comm'il vous plaira. Taillez mes bouquets à votre fantaisie, ne vous gênez sur rien. Je ne sçais plus quelle Dame de la Cour, en écrivant en vers au Duc d'Orléans Régent, mit à la fin de sa lettre :

Allongez les trop courts, & rognez les trop longs,
Vous les trouverez tous fort bons.

Vous écarterez donc, Monsieur, tout ce qui vous plaira, vous disposerez de tout.

Le Poëte d'Opéra doit être très-humblement soumis au Musicien ; vous n'aurez qu'à me donner vos ordres, & je les exécuterai comme je pourrai : il est vrai que je suis vieux & malade. Vous me faites un grand plaisir de me dire que vous aimez Mr. Thomas : un homme de votre mérite doit sentir le sien ; il a une bien belle imagination guidée par la philosophie ; il pense fortement & écrit de même. S'il ne voyageait pas actuellement avec Pierre-Le-Grand, je le prierais d'animer Pandore de ce feu de Prométhée, dont il a une si bonne provision ; mais le vôtre vous suffira ; le peu que j'en avois n'est plus que cendre. Soufflez dessus, & vous en ferez peut-être encore sortir quelques étincelles. Si j'avais autant de génie que de reconnaissance de vos bontés, je ressemblerais à l'Auteur d'Armide, ou à celui de Castor & Pollux.

LETTRE

DE M. DE VOLTAIRE A M. BERGER.

J'Ai été touché, Monsieur, de votre Lettre du 12 Février, on m'a dit que vous êtes dévot; cependant je vois de la sensibilité & de l'honnêteté. Vous m'apprenez que vous avez été taillé de la pierre il y a quatre ans. Je vous félicite de vivre si vous trouvez la vie plaisante. J'ai toujours été affligé que dans le meilleur des mondes possibles, il y eût des cailloux dans les vessies, attendu que les vessies ne sont pas plus faites pour être des carrières, que des lanternes; mais je me suis toujours soumis à la Providence, je n'ai point été taillé, j'ai eû & j'ai ma bonne dose de maladie en autre monnoye: chacun à la sienne, il faut sçavoir souffrir & mourir de toutes les façons.

Vous me mandez qu'on a imprimé, je ne sçais quelles Lettres, que je vous écrivis il y a plus de trente ans; vous m'apprenez qu'elles étoient tombées entre les mains d'un nommé Vaugé, qui n'en peut répondre, attendu qu'il est mort. Si ces Lettres ont été son seul héritage, je conseille aux hoirs de renoncer à la succession. J'ai lû ce Recueil, je m'y suis ennuyé; mais j'ai assez de mémoire, dans ma soixante-douzième année, pour assurer qu'il n'y a pas une de ces Lettres qui ne soit falsifiée; je défie tous les Vaugés morts ou vivants, & tous les Éditeurs de rapsodies, de montrer une seule page de ma main, qui soit conforme à ce qu'on a eû la sottise d'imprimer.

Vous m'apprenez, Monsieur, que l'Auteur de

l'Année littéraire a fait usage de ces Lettres ; vous ne me dites pas quel usage, & si c'est celui qu'on fait ordinairement de ses feuilles : tout ce que je peux vous répondre, c'est que je n'ai jamais lû l'Année littéraire, & je suis trop propre pour en faire usage.

Vous craignez que l'impression de ces chiffons ne me fasse mourir de chagrin ; rassurez-vous, j'ai des bons parens qui ne m'abandonnent pas dans ma vieillesse décrépite ; Mlle. Corneille bien mariée, & devenue ma fille, a grand soin de moi. J'ai dans ma maison un Jésuite qui me donne des leçons de patience ; car si j'ai haï les Jésuites lorsqu'ils étaient puissants & un peu insolens, je les aime quand ils sont humiliés : je ne vois d'ailleurs que des gens heureux, cela regaillardit ; mes Paysans sont à leur aise, ils ne voyent jamais des Huissiers avec des contraintes. J'ai bâti, comme M. de Pompignan, une jolie Eglise, où je prie Dieu pour sa conservation & celle de Cathérine Frenon ; je le prie aussi qu'il vous inspire la discrétion de ne plus laisser prendre des copies infidèles des Lettres qu'on vous écrit.

Portez-vous bien, si je suis vieux, vous n'êtes pas jeune ; je vous pardonne de tout mon cœur votre faiblesse, j'ai donné dans d'autres jusqu'à l'ingratitude, il n'y a que la méchanceté orgueilleuse & hypocrite qui m'a quelquefois ému la bile ; mais à présent rien ne me fait de la peine que les mauvais vers qu'on m'envoye quelquefois de Paris.

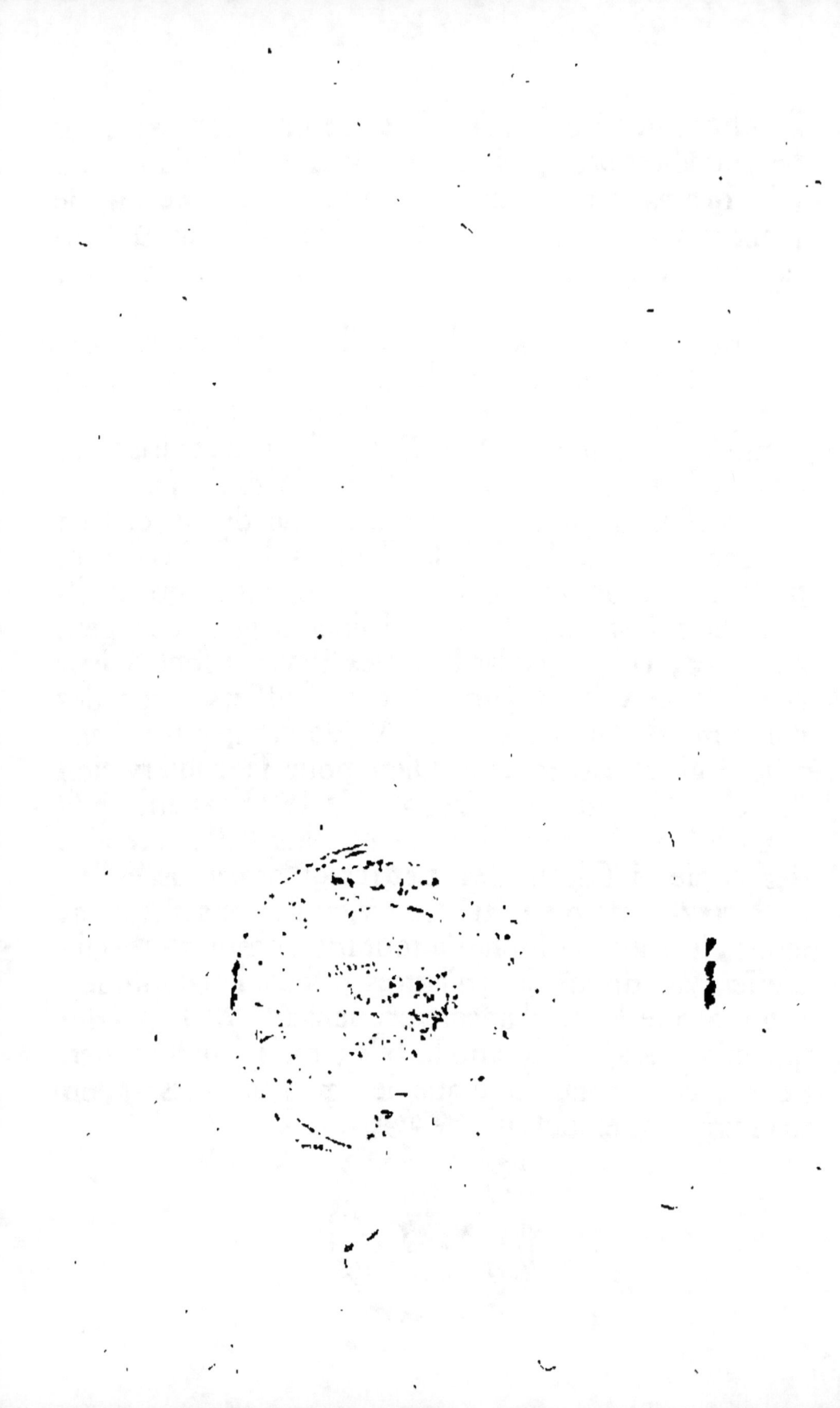

www.ingramcontent.com/pod-product-compliance
Lightning Source LLC
LaVergne TN
LVHW020159100426
835512LV00035BA/1216